中国慈善组织的历史
发展与制度建设

赵 倩 著

中国农业出版社

北 京

图书在版编目（CIP）数据

中国慈善组织的历史发展与制度建设 / 赵倩著 . —
北京：中国农业出版社，2023.11
　　ISBN 978-7-109-31460-3

　　Ⅰ.①中… Ⅱ.①赵… Ⅲ.①慈善事业－组织机构－
研究－中国 Ⅳ.①D632.1

中国国家版本馆 CIP 数据核字（2023）第 219776 号

中国农业出版社出版

地址：北京市朝阳区麦子店街 18 号楼
邮编：100125
责任编辑：张丽四
版式设计：杨　婧　责任校对：吴丽婷
印刷：北京通州皇家印刷厂
版次：2023 年 11 月第 1 版
印次：2023 年 11 月北京第 1 次印刷
发行：新华书店北京发行所
开本：880mm×1230mm　1/32
印张：3.25
字数：85 千字
定价：38.00 元

前　言

中国共产党第十八次全国代表大会以来，中国慈善组织取得了突飞猛进的发展。尤其是 2016 年《中华人民共和国慈善法》（以下简称《慈善法》）颁布以后，中国慈善组织进入了有法可依的历史新阶段。随着我国打赢脱贫攻坚战全面建成小康社会，慈善与诸多公益事业一起迈进了实现共同富裕、增进全民福祉、实现中国式现代化建设目标的新征程。

习近平总书记在党的二十大报告指出，要"构建初次分配、再分配、第三次分配协调配套的制度体系""引导、支持有意愿有能力的企业、社会组织和个人积极参与公益慈善事业"。民政部部长唐登杰在解读党的二十大精神时也强调，要认真研究中国式现代化对民政工作的新要求，在增进民生福祉、促进实现全体人民共同富裕中发挥好民政保基本、固底板作用。民政部慈善事业促进和社会工作司司长贾晓九也讲道，公益慈善事业是全面建设社会主义现代化国家的重要力量，必须紧紧围绕中国式现代化的特征和要求，推动公益慈善事业高质量发展，助力中国式现代化。

中国慈善虽然相对年轻，但其对于共同富裕的目标理解和政治站位都十分准确。党的二十大报告指出，"共同富裕是中国特色社会主义的本质要求，也是一个长期的历史过程。我们坚持把实现人民对美好生活的向往作为现代化建设的出发点和落脚点，着力维护和促进社会公平正义，着力促进全体人民共同富裕，坚决防止两极分化"。以史为鉴，放眼寰宇，我们看到很多比中国起步快、势头猛的发展中国家，之所以未能如愿跃进发达国家行列，反而掉入了经济学上所谓的"中等收入陷阱"，就是因为他们在发展中没有关注到逐步拉大的贫富差距，没有建立起分配调控、共同富裕的宏观概念，单纯以为只要经济增长能够不断突破，就能顺其自然地发展成为发达国家。结果他们均在一片大好的高速增长中遭遇了"硬着陆"，陷入了持续性经济低迷和社会冲突，继而徘徊在中等收入国家水平停滞不前。因此，共同富裕是在马克思主义理论指导下，基于国内外历史经验教训得出的具有科学性、前瞻性的概念体系，彰显了我党深远的政治智慧。读懂共同富裕，缩小贫富差距，倡导包容性增长经济模式，对于我国未来经济社会发展具有长远意义。

而慈善事业，作为旨在推动共同富裕、实现第三次分配的重要力量，如果能够主动投身中国式现代化建设，无疑对调节社会收入、促进民生福祉意义重大。

杨团等学者更新的《中国慈善发展报告（2022）》公布：截至2021年底，全国社会组织总量为90.09万个，其中，社会团体37.1万个，社会服务机构52.1万个，基金会8 885个。全国累计慈善信托备案773单，财产规模39.35亿元。共计631家境外非政府组织代表机构依法登记。近年来，我国慈善总量一直稳定增加，第三次分配在社会发展中所扮演的角色已越来越重要。无规矩不成方圆，事业的发展离不开制度的规范。目前我们国家已经建立了以高阶位的《慈善法》为核心，部门、地方法规制度为分支的慈善法律体系。本文即是作者以慈善组织管理制度建设为视角，立足个人原有研究成果，结合当前慈善发展形势而撰。希望能够通过综述中国慈善组织的发展历程、管理制度与未来走向，提出促进慈善组织发展的政策建议。

赵　倩

2023 年 8 月

目　录

第一章　慈善组织概念辨析

在寻找慈善的道路上，很多学科都从自己的角度对慈善组织如何产生做出了回答。不同学者也都站在不同的学术角度阐明了慈善组织还有与慈善组织相关的其他组织之间的区别。但是慈善组织的定义仍旧是学术界的一个难题。

一、不同学科视角下的慈善

慈善虽然不是一门单独的学科，但很多学科都曾从自身的角度对慈善行为和慈善组织做出过论证。

（一）生物学的视角

生物学中的共生学说乃是与慈善联系最为紧密的学说之一。生物学研究成果表明，许多生物具有相互合作、共谋生存的本能。例如蚂蚁，它们千百年来延续下来所依靠的就是其分工协作、共同生存的族群本能。合作使得蚂蚁内部形成了一个小"社会"，各个蚁种都有自己明确的职责，它们辛勤劳作，共同将整个家园经营得井井有条。当遇到危急情况时，如当遇到大火时，蚁群会自动聚集起来抱成一个球向前滚动逃离危害。即使在逃离过程中裹在外层的蚂蚁会被大火烧死，它们仍不惧牺牲、集体行动以达到拯救整个族群的目的。这种现象在生物学上被称之为"共生"。人们相信人类社会同样具有"共生"特征，如人们在保证自己生存条件的同时，也会去关心与自己同类的其他人的生存样态、希望他人的生活能够得到正常的延续。慈善正是这种社会共生的表现。[1]

(二)心理学的视角

对于慈善动机产生的原因，社会心理学认为，人类有"对别人有好处，没有明显自私动机的自觉自愿的行为"，这种行为就是利他行为。心理学家在对儿童进行的观察中发现，人类天生有利他行为的倾向。亚罗和韦克斯勒等学者在总结了对10个月婴儿的观察后发现，人在婴儿阶段就具有利他倾向。他们会给坐在身边的人喂食，会把自己的玩具给别人玩；并且，当看到另一名儿童受伤的时候，他会表现出与自己受伤时同样的痛苦。有时他们会表现出试图安慰他人的倾向。虽然我们不能将这些行为全部归因于利他，但是这还是客观地表现了人类在儿童时期就已经具备了利他倾向。人类成年之后，当看到其他人因为物资匮乏或其他困难而处于饥寒交迫、极为痛苦的境地时，同样会产生痛苦的感受，进而依靠自己成年后的行为能力去试图帮助和救济他人。生活较为富足的人可能会将自己富余的所有物捐献出来去帮助那些迫切需要的人，产生慈善行为。

(三)经济学的视角[2]

在经济学领域中，与慈善组织的发展具有较大联系的理论主要有两个——"第三次分配"和企业社会责任。

"第三次分配"理论说明了慈善、公益事业存在的理论基础。它认为，市场主导了国民收入的第一次分配，第一次分配所追逐的是效率；但是由于市场分配不一定能够面面俱到地照顾到社会公平，于是为了弥补这种不足，政府便主导了第二次分配，它所追求

---

① 根据现有共生理论研究成果整理。

② 本问题论述根据经济学界观点整理而成。

的是公平；但是由于政府能力有限，社会中势必还有一些具体的或特殊的社会成员需要特殊的关注，于是在社会富余者和不足者双方自愿的基础上，就形成了资源由富向贫的第三次分配，而慈善组织正是第三次分配重要的执行者之一。

随着近年来学术研究和社会主义建设实践的发展，经济学领域中又出现了一个与慈善密切相关的论题——企业社会责任问题。这一学说认为，随着社会发展和企业的壮大，企业在社会生活中正起到越来越重要的作用，企业应当担负起自身在社会中所应担负的责任。在其所承担的社会责任中，参与慈善、公益事业是非常重要的一部分。企业应当在力所能及的情况下为社会发展贡献自己的一分力量。

（四）政治学的视角

政治学领域为慈善组织的发展提供了一系列的理论资源。政治学关于慈善的论证早已有之，它包括以下几个部分：

1. 市民社会理论①

市民社会理论认为，为了保持自身不至于分裂，以便与国家力量形成博弈，市民社会有意在国家福利制度之外开辟了新的救助领域，这个领域便是慈善。市民社会通过慈善救助努力规避内部贫富分化的尖锐化，某种程度上保持了内部成员之间的团结与一致，避免了因内部裂变可能造成的分裂与瓦解。换言之，慈善是保障市民社会长期存在和保持新鲜活力的重要手段。

2. 政治思潮影响

一是多元主义与统合主义②。多元与统合是发展社会组织包括慈善组织所倚仗的两种思路。多元强调制约与博弈，统合强调政社

---

① 参见学界市民社会理论相关成果。
② 根据曹海军、文长春观点整理。

合作与政府主导，他们在世界范围内各有自己的实践及其成果。多元主义在地域上以美国为代表，它主张组织与政府多元并存，并强调组织应当与政府之间形成一种相互博弈的状态，而不是一种相互合作的关系。这是多元主义与统合主义之间的根本区别。统合主义是一种强调国家与社会互动，并最终以国家统合社会利益的协调机制。从统合主义治理模式的实践来看，它又可以分为"政治-社会统合主义"和"经济统合主义"两类。前者以欧洲的统合主义国家为代表，它更贴近统合主义的本意，这种制度安排试图将经济发展与社会公正相兼容；而后者则以东亚国家为代表，它强调的是国家对于经济的宏观调控。美国学者约翰逊认为，东亚经济奇迹的出现正是得益于政府对经济的积极干预。

二是福利多元主义①。福利多元主义是针对"福利失灵"的困境提出来的。20世纪30年代，凯恩斯主义思潮极大地鼓舞了西方国家政府在社会领域中有所作为的热情，在它的指导下，西方资本主义国家一度迈入经济发展的黄金时期。但到了六七十年代，国家干预的副作用逐步凸现，出现了"福利失灵"的怪现状。新保守主义借机上台，提出了拯救福利国家的新政策。福利多元主义便是这个时期的产物。一方面，"福利多元主义要求减少政府在社会福利直接供给中的角色，即主张政府不再是唯一的福利提供者"。福利多元主义认为可由公共部门、营利组织、非营利组织、家庭和社区四个部门共同来提供福利服务，政府角色"逐渐转变为福利服务的规范者、福利服务的购买者、物品管理与仲裁者，以及促使其他部门从事服务供给的角色"。另一方面，福利多元主义非常强调非营利组织在福利提供中的参与度，希望能以此填补政府从福利领域撤退后所留下的真空，抵挡市场势力的过度膨胀，促进福利的供给效率。香港经过70年的实践探索，

---

① 根据林闽钢、王章佩观点整理。

建立了"政府主导、社会参与、市场服务、家庭责任"相结合的社区多元福利模式，即政府指导、监督并提供财政支持；社会机构提供服务；根据市场的需求，政府为民众购买社会福利服务（米银俊等，2015）。

中国内地的慈善组织构建刚刚起步，在培育发展慈善组织的思路受到肯定后，下一步的发展思路也有借鉴香港模式的愿望。从我国慈善组织发展的方向看，近年来政府支持慈善组织发展的政策、资金力度空前加大，福利多元主义非常有可能成为我国慈善组织发展长期依赖的理论思潮之一。

（五）社会学的视角

在社会学领域中，弱势群体的社会救助问题与慈善尤为相关。弱势群体是指"一个在社会性资源分配上具有经济利益的贫困性、生活质量的低层次性和承受力的脆弱性的特殊社会群体"。当今社会发展既为我们带来了前所未有的财富和机遇，也为我们带来了前所未有的困难和问题。各类弱势群体的出现就是其中较为突出的一个。学界认为，当代中国弱势群体的产生具有以下两个特点：一是形成转化快。社会发展在迅速地改变各产业、行业之间的力量对比，很容易由于社会发展的阶段性而在某一领域造成大量政策性弱势群体，而且受到产业、行业优势加速变更的影响，弱势群体与非弱势群体之间的置换也相对加快。二是"弱势"具有综合性。有学者认为，我们"必须从政治与经济的双纬度上来理解弱势群体。弱势群体的本质在于其自身政治与经济的特殊同构性，弱势群体的产生根源在于中国社会转型过程中政治与经济的结合方式及其发展趋势。经过体制分化、结构断裂和阶层相对关系模式再生产，政治与经济从不同构到不合理同构再到自我复制，这就是弱势群体的生成机制"。总结上文：现在弱势群体的"弱势"通常是全方位的，他们在经济、政治、社会地位等各个方面往往都处于不利地位，其弱势地位具有一定绝对性。发展慈善公益事业救助弱者，帮助他们抵抗社会发展所产生的问题与风险，救济和保证他们生存的基本权利——社会学界围绕这一问题所进行的调查与论证，乃是社会学领域为慈善、慈善组织研究所提供的重要思路和理论资源。

二、慈善组织的概念

要了解什么是"慈善组织"，首先应当了解什么是"慈善"。郑功成教授在论述慈善时说道，"何谓慈善事业？笔者曾经给它下过一个定义：慈善事业是建立在社会捐献基础之上的民营社会性救助事业"，"捐献为慈善事业的立身之本，没有捐献便没有慈善事业"。由此可见，慈善与捐赠密不可分。这里的"捐赠"既包括财物的捐赠，也包括劳动的捐赠——志愿行为。

日常生活中所说的慈善实际含义非常难以统一。至于什么是慈善组织，学术界亦难定论。就现有的研究来看，慈善组织概念的使用较为混乱，它经常被等同于以下这些概念：非政府组织、非营利组织、民间组织、社团组织、公益组织、第三部门、免税组织、志愿者组织、草根组织等。最常见的混同就是将慈善组织混同于非政府组织，在很多著作、译作中，这两者几乎是混合使用的。

诚然，慈善组织与非政府组织有着血脉相连的关系，但是二者在内涵和外延上有着很大的区别。

慈善组织的概念有广义和狭义之分。

广义的慈善组织涵盖相当广泛，可以指代所有从事非营利性救助活动的专业组织。这种说法几乎不追究慈善组织的创建和管理者是否为政府。就算是严格意义上的政府组织，只要它从事了救助性活动，也算在慈善组织之列。在这样的分类下，慈善、福利和救助三个概念是不分的。广义的慈善组织虽然涵盖丰富，拓展了慈善研究的关注面，但是这种大杂烩的归类显然并不科学，它将许多社会身份和运行机理完全不同的组织混杂在一起，既不符合国际惯例，也不利于慈善研究。

狭义的慈善组织是指以自愿性为基础，专门从事捐赠救助的非营利性非政府组织。本文采取狭义的定义。因为"慈善是一种社会行为"，严格地说，慈善不能被看作是政府行为，因为救人扶贫是政府应尽的一项职责，"最大的理由就是因为政府征收了人民缴纳的税金"。但是在中国有一种较为特殊的现象，就是历代慈善组织的发展几乎都离不开政府的大力支持，因此就有了我国与西方慈善组织在研究上很大的一个分歧点——准政府组织问题。西方国家和学术界由于市民社会发育较早而慈善组织的发展早已成熟，因此对于政府扶持和培育慈善组织的行为感到不解，认为准政府组织中的一部分——政府大力发展，而又在某些方面享有机关待遇的组织，不能归于慈善组织之列，它们并不具有民间性。这样的说法是正确的。因为红十字会、人民团体还有其他一些大型组织，在组织管理上与普通的社会团体有很大的不同，以至于民政部一直执行的《社会团体登记管理条例》（2016）也专门注明："下列团体不属于本条例规定登记的范围：（一）参加中国人民政治协商会议的人民团体；（二）由国务院机构编制管理机关核定，并经国务院批准免于登记的团体；（三）机关、团体、企业事业单位内部经本单位批准成立、在本单位内部活动的团体。"而且该类组织享有国家拨付的财政经费，选择工作人员有的以公务员招考的方式进行，故而这类组织虽然具有救助功能，但不具有民间性。还有的学者坚持认为这些组织属于非政府组织，可以被称之为"政府性的非政府组织"，并根据这种标准对武汉市的组织做了分类（表1）。尽管这种看法有其道理，但由于本文对慈善组织概念取狭义之说，故而不引用这种视角。

表 1 武汉市慈善组织的分类

分类	单位名称	业务主管单位
政府性非政府组织	武汉市总工会	湖北省政府直接领导 具有合法地位
	武汉市妇联	
	湖北省红十字会	
非政府组织	湖北省青少年发展基金会	共青团湖北省委
	湖北省扶贫基金会	湖北省政府扶贫办公室
	湖北省慈善总会	湖北省民政厅
	武汉市慈善总会	湖北省民政厅
	湖北省光彩事业促进会	湖北省委统战部
	湖北省老区建设促进会	湖北省委政府扶贫办公室
	湖北省企业家协会	共青团湖北省委
	湖北省青年志愿者协会	共青团湖北省委
	湖北省天主教爱国会	湖北省民族宗教委员会
草根组织	一治夕阳红老龄服务中心	未在相应的民间组织管理局登记注册 不具有合法地位
	武钢残疾人联合会	
	宗关街宗社区妇女联合会	
	地质大学志愿者协会	
其他	民间组织管理局	非政府组织的登记单位

但与其密切相关的如隶属中国红十字会（以下简称红会）的中国红十字基金会（以下简称红基会），是可以属于慈善组织的。红基会明确介绍自己："中国红十字基金会是中国红十字总会发起并主管、经民政部登记注册的具有独立法人地位的全国性公募基金会，其宗旨是弘扬人道、博爱、奉献的红十字精神，致力于改善人的生存与发展境况，保护人的生命与健康，促进世界和平与社会进步。"[①] 这说明它确实接受针对社会组织的双重管理体制，同时也

---

① 参见中国红十字基金会官网资料。

与红会隶属关系密切。这就使得它的身份非常难以定义。但本文仍旧将其划为慈善组织，如前所述，这不完全是出于学术的考虑，而是为了更好地俯瞰整个中国慈善组织存在和活动的真实情况。除了这层考虑，还有一层重要的考虑：在中国，慈善组织与官方合作是一个历史问题，大多数城市中都设有孤儿院、贫民所、慈善厅及其他一些公共设施，政府和这些机构所发挥的作用有着紧密的联系。"较为典型的是社会非官员精英与官方通力合作，组织与援助这些慈善工作"，而当时的"非"政府慈善机构则要时时冒着生命的危险。长久的中国传统为现代中国养成了"国家救助"的思维，历史原因使得中国现代慈善组织仍有官化倾向也不足为奇。将"官化"定位为慈善组织概念所完全排斥的因素并不科学，况且对于慈善组织的定义方法有很多种，衡量标准未必都盯住"官化"这一个因素。如联合国国民收入统计系统就采用了以"只有收入一半以上来自捐款的组织才算作非营利组织"的资金来源标准，来定义组织的非营利性，这个标准未必完全科学但对于我们衡量慈善组织也有着重要的参考作用，它就较少地考虑了"官化"成分这一因素。从以上两层考虑来看，对于慈善组织身份的甄别是一项很复杂的工作，我们不能将这些组织完全划入慈善组织的行列，但也不能将其完全排除出去。鉴于这些组织在中国慈善事业中的重要作用和其"官化"的同时又具有民间性的特征，我们还是基本上承认它们慈善组织的身份。

（一）慈善组织及其相近概念

根据现有学术成果的总结，与慈善组织相近的概念主要有：

1. 非政府组织

王名教授曾对"非政府组织"与"慈善组织"有过非常明确的区分："非政府组织"强调的是与政府组织的区别，它们属于不同于政府部门的民间公共部门，慈善组织强调这类组织的公益慈善性质，不包括互益性组织。一般而言，非政府组织不包括企业，这是国际研究中的惯例。在这里，非政府组织强调的是组织的独立性，强调组织不受政府的领导与支配，贯彻自己的意志。但这并没有说明组织是不是非营利性的，是否具有捐赠性特征。一个组织或许是非政府性的，但是其活动惠及的范围也许只是本组织内部成员，或者其活动具有救助以外的其他目的，这样的组织我们都很难称之为慈善组织。

2. 非营利组织

这是指那些有服务公众的宗旨，不以营利为目的，组织所得不为任何个人牟取私利，组织自身具有合法的免税资格和提供捐赠人减免税的合法地位的组织。该概念在参考国外成果的同时又考虑到了中国的现实国情，应该说比较符合现代研究的需要。其他学者亦用"剥洋葱"的方法对于非营利组织从广义到核心的层级进行了梳理（表2）：

表 2 非营利组织从广义到核心的层级

组织分类	层级
收费——服务型非营利机构：学校、医院	外层
谋求成员利益的草根商业社团：商业性社团	中间
强调公益性：公益性社团组织	核心

非营利组织与慈善组织的区别在于，非营利所强调的是组织不以获取经济利润为目的，典型的特点就是这类组织虽然可以有所收入，但所得不能用于分红，这是非营利最根本的含义，也是非营利组织与企业本质性的不同。但非营利组织并不强调组织具有捐献特点，非营利组织完全可以通过自我运转为社会提供更为质优价廉的服务，方便社会成员正当需求的满足，以此作为回报社会的方式；但慈善组织却强调组织在具有非营利性的同时要具有"捐赠"的特点。可见，非营利组织包含慈善组织，但不等于慈善组织。

3. 民间组织

民间组织是指"不以营利为目的、主要开展公益性或互益性活动、独立于党政体系之外的正式的社会组织"。也有人认为"民间组织"乃是"非政府组织"的中国化称谓,我国法定民间组织可分为三类:社会团体、民办非企业单位和基金会。除了法定民间组织,还有一部分草根民间组织和由于转型等原因所出现的准民间组织。民间组织与慈善组织的差异基本上和非政府组织与慈善组织的差异一致,在于组织是否具有非营利特点和公益特点上。

4. 社团组织

社团组织也即"社会团体",《社会团体登记管理条例》(2016)规定"中国公民自愿组成,为实现会员共同意愿,按照其章程开展活动的非营利性社会组织",这是社团组织在我国的官方定义。在我国,社团组织与民办非企业(下一步改革此名称可能变更)、基金会共同构成了国家政府对民间组织的官方定义。但社团组织不一定都是慈善组织,也有互益型、非捐赠的社团存在;而慈善组织除了可以是社团组织外,也可以是民办非企业或者是基金会。

5. 公益组织

有两位学者在这个问题上都有较为出彩的论证。资中筠教授认为,二者的不同乃是短期行为与长期行为的不同。在英文中慈善为"charity",而公益为"philanthropy",二者都是指出自爱心而帮助需要的人。但公益的覆盖面要更广些,效果也更为长远。例如,水灾过后捐款赈济灾民,属于慈善行为,慈善行为组织化、经常化后就是慈善事业;但若突破单纯的救济而进一步设立探询灾害根源的研究机构、规划植树造林,那就属于公益事业了。而秦晖教授则认为,二者的不同乃是钱财流动的方向性不同:在西语中,慈善(charity)代表"基督之爱",主要指的是教会施惠给具体的个人(如济贫、扶孤等);博爱(philanthropy)则代表"人类之爱",指的是民间个人捐赠于公共事务(如教育、研究设施、公共建筑、体育、水利设施等）。可以说，慈善组织都是公益组织，因为其捐赠性具有公益特征；但是公益组织则不一定都是慈善组织，公益的表现方式不仅仅限于捐赠。

6. 福利组织

福利组织是学术研究中最应当注意的一个概念。福利组织与慈善组织的区别在于活动主体的不同。政府实施与主导、以政府财政为经费来源的救助组织称之为"福利组织"；而以民间力量为主导和经费来源的救助组织称之为"慈善组织"。

7. 第三部门

它经常与"独立部门""非营利部门"互用。现代社会科学把组织分为政府组织、营利组织、非营利组织三大类，而它们分别是政治领域、经济领域、社会领域的主要组织形式，其中，非营利组织的集合称之为"第三部门"。[①] 学术界对于第三部门并没有太明确的定义，因此采取了排除的方式，将政府组织、营利组织外的组织统统划归第三部门。由此，它在外延上应基本与非营利组织吻合甚至更为宽泛些，与慈善组织的区别类似于非营利组织与慈善组织的区别。

8. 志愿者组织

志愿者组织是慈善组织的一类，是指以成员自愿为基础组建，为社会提供体力或者智力无偿帮助的组织团体。它在慈善组织中略显特殊，就在于它所捐赠的不是传统意义上的财物，而是志愿者的劳动。志愿者组织是否属于慈善组织还有争论，但本文将其划入了慈善组织的研究范围。

9. 免税组织

免税组织（EO，即 Exempt Organizations 或者 Tax-Exempt Organizations）是指税法规定的享有免税待遇的组织。免税组织的

---

① 参考徐永光观点。

提法不太经常见于国内，但是在国外非常普遍。在国外，一个组织是否属于非营利组织，其是否享有税法上的免税待遇是非常重要的依据。免税组织涉及慈善、宗教、科学、文艺、商业、公共事业等各个方面，美国税法对于从事各种活动的免税组织做出了详细的分类，免税组织不完全等同于慈善组织。举例来说，美国《国内税收条例》501（C）（3）～（9）条款所涉及的组织都是免税组织，而其中只有 501（C）（3）中所涉及的一部分才是慈善组织。

10. 草根组织

草根组织是民间自发组建，具备非政府、非营利特征，且由于各种原因未到民政部门登记注册的还未得到现行法规正式认可的组织。从某种意义上讲，草根组织最具有非政府组织的特点。中国现有的草根组织一般有两种：一种是社会团体或者事业单位下设的二级机构，但严格说起来它们不是独立的法人；另一种则是由于其他原因未能登记注册但却某种程度上得到默许和认可的一些公益性、互益性组织。当今我国草根组织多具有内向型，真正对外活动而又在社会上具有很强活动能力的只占少数，但其数量却有可能大大超过法定组织的数量。草根组织所进行的活动也多是处理好生活圈或共同范围内的一些基本事情，或者组织一些自娱自乐的健民活动。草根组织中仅仅具有互益性的组织不能算作慈善组织，那些从事捐赠、志愿服务等公益活动的才属于慈善组织。

上述各种组织的内涵和性质虽有不同，外延所指也各异，但是除了福利组织之外，它们与慈善组织之间并没有绝对的排斥性。唯有福利组织，因其行为主体与慈善组织正好相反，与慈善组织之间并不交叉。其他组织与慈善组织有的是包含关系，有的则是交叉关系。

（二）慈善组织的分类

慈善组织是指以自愿性为基础，专门从事捐赠救助的非营利性非政府组织。

依此概念考察当代中国慈善组织的外延，包括以下几类：

1. 直属类准政府慈善组织

通常直属于某一政府部门，接受其业务指导并配合其开展工作，如中国红十字基金会、中国宋庆龄基金会等，它们通常在大众眼中带有行政色彩。这类组织虽身份特殊，但是鉴于其属性并非政府机构且对研究慈善事业全貌不可或缺，仍将其归入慈善组织范围进行研究。

2. 一般类准政府组织

这些组织的出现，是我国在培育和发展慈善组织中对组织官办色彩太浓的一种修正，但其在现实中也常常被批评为具有太多的官方色彩。这些组织可能也受到政府的大力支持，但一般都没有固定的财政拨付；人员身份也曾一度混杂，工作人员有的是公务员身份，有的是事业单位编制身份，还有的就是民间组织工作者的身份。但是除去借调来的人员，应当说民间组织工作者还是这类组织工作人员的主要身份认同。就此看来，这些组织虽然具有一些官方化痕迹，但总体而言还属于民间组织，可以被列入慈善组织的行列。

3. 草根组织性质的慈善组织

草根组织在中国慈善组织中数量最多，要远远超过现有法定慈善组织的数量，但是影响力却相对要弱一些。除去大量的互益性组织，具有慈善性质而又真正具有社会号召力的草根组织并不多见。草根组织具有明确的民间性，工作人员也基本是民间组织工作者身份，因此在性质上没有什么争议。目前这类组织最主要的问题是注册混乱，有的根本不注册，还有的流失到了工商注册之中，因此很难了解它们发展的真实情况。草根组织是慈善组织中发展潜力最大，也是变数最大的一类组织。

4. 在华的外国慈善组织

外国慈善组织来华活动从近代时期就已经开始了。但由于新中国成立之初各方面原因，这种交流曾经一度中断。随着改革开放的深入，来华活动的外国慈善组织不断增多，其关注的领域也越来越广泛，外国组织管理规范、资金雄厚，目前已经成为我国慈善事业不可或缺的一部分。外国组织总体呈现民间性特点，主要是通过与国内机构合作来开展活动。

三、慈善组织的特点

慈善组织发展走到今天，大多都迈入了现代化。现代慈善组织具有以下五大特点：志愿性、捐赠性、非政府性、非营利性和特定性。[①]

（一）志愿性

志愿性是慈善组织的首要特征，也是慈善组织的精神命脉。慈善组织的行为基础必须建立在自愿的基础上，否则组织性质将会被扭曲。理论上志愿性的主体应当是个人，秦晖教授对此有一段非常精彩的论述："人们都把'志愿'与'公益'当作第三部门的基本特征，因为正是这两者使它区别于政府……而自居为'第三'。换言之，有'志愿'而非'公益'，它将混同于私营企业；非'志愿'而求'公益'，它将混同于国家部门。而以'志愿'精神从事'公益'的行为，无论取怎样的具体形式，它都是一种基于个人的慈善（charity）与博爱（philanthropy）行为——因为任何真正的志愿都只能是个人的志愿，排斥个人自由选择权的'集体志愿''社会志愿'不过是强制的代名词。"志愿性包括两层含义：自愿性和主动性。自愿性是指主体做出慈善行为出于自己意愿，不受他人的强迫

---

　　① 这五个特点基本上为学界所公认，尤其是非政府、非营利、志愿性的特点更为国内外专家反复论证。

和指令。主动性则强调慈善行为是主体主动发起和实现的，不受他人的要求和诱导。"不受他人的强迫和指令"比较好理解，因为它违背主体的意愿而迫使主体有所行为，自然就违反了自愿的原则。主动性更难于理解一些，也更需要说明。当他人没有充分尊重主体的主动性的时候，即他人对主体进行了要求和诱导，即使其要求与诱导没有违背主体的意志，甚至正与主体的意愿相吻合，也同样不能构成慈善行为。例如乞讨行为，乞丐向路过的人乞讨物质帮助，而路人也非常愿意帮助他而给予他一定的财物，这当然是一种善良的举动，但不属于慈善的研究范围。因为在这个过程中，乞丐对于施与者的明确要求——给我钱（物）——在先，而路人在受到这种明确的要求之后产生给予的想法在后，路人的给予并不是主动的、自发的，将其归类为志愿是不合适的。但是如果倒过来，一个人在灾荒时期主动搭建粥棚舍粥救济过路的乞丐，搭建粥棚所具有的给予意愿——（请接受粥饭）——在先，乞丐领取接受的动作在后，则完全符合志愿的特征，其行为也可以被归类于慈善行为。

（二）捐赠性

慈善组织以捐赠为特征，故而捐赠性也是慈善组织的一大特征。捐赠性也包含两个层次的含义，即单向性和无偿性，是指组织的财物赠予具有单向性、无偿性的特征。

单向性是指捐赠财物由富向贫单向流动，捐赠者不能要求受赠者对所接受的财物进行回报或归还。例如，在某些慈善项目中，曾经有过接力捐的附加要求，即要求受助人经济条件改善后回捐一定金额。这种做法有它的合理性，其目的主要是针对当今社会缺乏感恩的不良风气所设定的，而且其本身也并非强制性的约束，还有助于慈善基金发展良性积累的实现。但它仍然是不应当在慈善救助中被提倡和推广的。主办方在这里显然忽略了慈善捐赠的单向性特点。捐赠由捐赠者到受赠者，应当是一个单向过程，不应当附属回捐条件，也不应当借此提出附加要求。回捐当然可以存在，但捐赠与回捐应当是两个完全独立的行为，不应将二者绑定起来。如果主办方希望发展更为长久的助学活动，可以借助小额贷款等其他形式来完成，但不是以慈善捐赠的形式。

无偿性是指所捐赠财物应当完全用于慈善救助之目的，不应当被用来作为附加捐赠者其他目的的砝码。除了与单向性特征具有内在的一致之外，它还代表着另外一层含义，即慈善行为的捐赠者不能通过捐赠利用受助者去实现自己救助以外的目的，如贿赂其在未来的选举中投本党派一票、支持自己一方的提案、为捐赠者提供某种优先等。

（三）非政府性

慈善组织的非政府性可以由志愿性推导出来。因为组织具有志愿性，那么就注定组织的收入来源不会是政府财政（不包含政府购买服务所付出的资金），因为政府财政的来源是税收，税收是受到法律保护和强制执行的，不具有志愿特点。不能动用税收，代表慈善组织所动用的资源应当来自民间，其非政府特征已是必然。

（四）非营利性

慈善组织必须是非营利组织。慈善组织的非营利性可以由捐赠性推导出来。因为，一个组织将所得按照单向无偿的捐赠原则分散出去不规定回报，那么这个组织肯定不是一个以追求利润为己任的组织。

（五）特定性

特定性是指组织存在和活动的主要目的是围绕慈善救助所展开的。事实上，在社会发展过程中有很多组织都投入慈善事业从事一些公益活动，但未必所有的组织都能专注于慈善领域。如，一个大型超市是商业性的，但它同时又经常举办一些慈善活动，如为贫困儿童捐赠文具，为附近老年人组织免费义诊，设置爱心零钱箱鼓励大家为城市绿化捐款，等等。但是我们不能就此得出结论说该超市已经变成一个慈善组织了，因为它的主要业务并不在于此，它所进行的主要活动还是追求利润。

四、慈善组织生存发展的条件

慈善行为的开始并不一定以组织化的形式表现出来。从历史上看，是先有了慈善行为，其后才有了慈善组织。所谓慈善组织存在的条件，有两层含义，一是慈善现象存在的条件，二是慈善行为实现组织化的条件。

（一）慈善组织存在的条件

1. 一定程度的贫富差异

人们常常误认为慈善行为的基础只是贫困，事实上这种看法是不全面的。贫困一方的存在固然是慈善行为构成的重要因素，但还必须同时伴有相对富裕一方的存在才能形成。差异的存在是慈善行为开始的基础，如果一个社会的成员之间收入一律相等，所有的人都一样富有或者是所有人都一样贫穷，也不可能在这个社会的内部出现慈善行为。慈善行为的产生，正是当社会产生了显著的贫富不平衡时，社会为了维护自身的稳定和发展所产生的一种解决矛盾、舒缓压力的自我调节机制。慈善行为的存在必须以一定程度的贫富差异为基础，即必须在富与贫之间存在足够产生救助行为的贫富落差，慈善行为才有可能出现。贫富差别和社会分层是慈善事业的社会基础。而且贫富具有变动性，"贫困"是一个不确切的、动态的概念，不同的国家、不同的地区、不同的时期，甚至不同的人，对于贫困都有不同的评判标准。"① 这里，一定程度的贫富差异就包含了两层意思：一定程度的贫富差距和这种分化的一定稳定性。试想如果富贫之间没有多大的差别，抑或这种差别本身不具有任何稳定性，朝暮之间变化很快，那么也就不可能产生慈善行为，更不会有慈善组织的出现。

2. 一定的支持性理念

慈善行为的存在还需要社会为其提供支持性的文化理念。如果社会文化中缺乏足够的鼓励慈善行为发展的文化因素，那么慈善事业就很难在社会上立足。如果社会中完全充满了对弱者的鄙视和排斥，那么这个社会不可能出现任何慈善行为，因为慈善组织扶贫济弱的活动根本就不能得到社会成员的认可。再如，一个社会不支持民间救助，认为救助是国家的天职，不应当由民间力量来完成，那么慈善事业也无从发展。我国古代儒家思想秉持的就是这种观点，所以中国古代慈善组织的发展还是相当缓慢和曲折的。或者，国家不支持民间结社，那么即使产生了慈善行为，也难以产生慈善组织。

3. 一定广度的救助范围

这是慈善行为最终实现组织化的最重要的条件。慈善救助的范围应该达到一定的广度。狭窄范围内的救助即使需要慈善的存在，也不一定需要慈善组织的存在。在中国，要解释这个问题就要用到费孝通先生的"熟人社会"理论："我们的社会结构本身和西洋的格局是不相同的，我们的格局不是一捆一捆扎清楚的柴，而是好像把一块石头丢在水面上所发生的一圈圈推出去的波纹。"这个一层一层向外扩散的同心圆，我们称之为差序格局。在这种格局中，"自己"是圆的中心，最重要的亲属是最靠近圆心的一层，然后按照亲疏关系层层叠加，就构成了一个人整个的社会关系网络。传统

① 引自中国国际扶贫中心主任张磊同志的报告《中国扶贫的回顾与展望》(2006)。

的乡土中国，社会具有"熟人社会"的特征，人们很少去和不熟识的人发生关联。因此，救济被首先认定为应当在熟人层面解决的问题，这时救助广度较为狭窄，救助被看成是宗族或者准宗族关系担负的责任，社会不会鼓励大规模慈善事业的兴起和慈善组织的出现。只有当救助需求的发展突破了宗族的圆圈，扩展到了熟人之外的"生人社会"，生人之间才能产生有别于家庭共同体内部互助的慈善行为。当慈善行为成为事实之后，其发展又会促进其组织化过程，慈善组织随之出现。这主要是由于，慈善行为发展过程中人们会发现救助的开展已经不再像在"熟人社会"中那么易于执行和值得信赖，以组织化的形式来巩固和规范这种行为是非常必要的。

（二）慈善组织发展的条件

慈善组织发展的条件，简而言之，就是慈善组织存在条件的扩大。具体说来包括：

1. 贫富差距的拉大

当贫富差距日益拉大而这种状况在短期之内又无法得到解决，富与贫之间产生的落差也会随之不断增加，从而产生一种促使慈善组织发展的内在张力。一般情况下，此时的慈善组织也会水涨船高随之壮大起来，利用自身的平衡能力去维护社会的稳定与发展。

2. 慈善文化的发展

慈善文化的发展能够为慈善组织提供更加丰富的精神食粮，有利于组织更好地规划和设计发展蓝图，明确发展步骤，推进发展步伐，同时为组织发展提供更为有利的人文环境。

3. 救助范围的扩大

救助范围的扩大也是拉动慈善组织大步发展的重要动力。如慈善救助由一个地区扩展到更为广阔的地域范围，或者活动范围由一个救助领域扩展到其他更多的救助领域，都会带动慈善组织的二次成长和新生慈善组织的出现。

第二章　中国慈善组织的发展历史

中华善业源远流长，扶贫济困自古有之。纵观我国慈善事业的发展历程可以看到，各个时期的慈善发展都没有脱离过慈善文化的陶冶与熏染。中国历史上慈善文化经历了六次变迁：隋唐时期随着佛教的传入，带来了古代宗教慈善组织的出现；宋代随着儒家文化的发展，家族慈善组织开始出现并担当救助力量；明末清初因工商业文化兴起，真正意义的民间慈善组织开始出现并繁荣一时；近代因西方慈善理念的流入，中国慈善组织接受西方文化影响逐步走向现代发展模式；新中国成立后国家忙于重构社会福利体系，慈善活动较为稀少；改革开放后中国慈善再定位、再出发，进入了新的黄金发展时期。

在这个漫长的发展过程中，慈善事业的演变与文化的变迁密切地联系在一起，没有文化的发展也就没有慈善的进步。

一、古代慈善组织的发展历史及特点

国内学者认为，中国古代的慈善活动早已存在，但是慈善组织的形成却有一个历史过程。古代慈善组织的发展经历了三个阶段：即宗教组织形态，起于魏晋南北朝时期，主要代表是佛教寺院中的慈善组织；家族事业形态，兴于宋朝，主要代表是"义庄"；民间组织形态，出现于明末清初，它开启了与现代意义相通的慈善事业，故而在慈善组织发展历史上有着比前两者更为重要的地位。这是因为"如果同时考虑这些民间组织的目标、领导、所救济的对象，明末善会可说是一个前所未有的中国社会新现象"。

（一）古代慈善组织的发展历史

早在原始社会，原始人就"在同自然界作斗争中，逐渐意识到只有依靠集体的力量才能生存下去……由于生产力发展水平很低，生活资料来源极端有限，只有采取平均分配的办法，才能维持氏族集体的生存，于是自然地养成了在氏族内所有成员一视同仁、绝对平均的狭隘的平等思想"。当然，我们不能说原始人的互助行为就是慈善行为，但正是这样一种互助启蒙了最初的慈善救助，并且基于对原始社会"黄金时代"的描述演变出了以后对慈善发展有着重要影响的"大同思想"："大道之行也，天下为公。选贤与能，讲信修睦。故人不独亲其亲，不独子其子，使老有所终，壮有所用，幼有所长，鳏寡孤独废疾者皆有所养。男有分，女有归。货恶其弃于地也，不必藏于己。力恶其不出于身也，不必为己。是故谋闭而不兴，盗窃乱贼而不作，故外户而不闭，是谓大同。"① 自此，"老有所终，壮有所用，幼有所长，鳏寡孤独废疾者皆有所养"就变成了整个古代中国社会所努力追求的目标，后世将这些描述定义为"天下大治"最重要的几条标准。"大同思想"对于后世的影响相当深远，就算是在中国历史上最波澜壮阔的一场农民起义太平天国所设计的"有田同耕，有饭同吃，有衣同穿，有钱同使，无处不均匀，无人不饱暖"的理想蓝图，还有资产阶级改良派代表人物康有为所撰写的《大同书》中，"大同思想"的影子依然清晰可见。由于原始社会一切物品共有，人们没有私有财产，因此也就无所谓捐赠和慈善。但是成员间这种同甘共苦、团结互助的精神却正是慈善文化的精神内核所在，正是它启蒙了后世真正意义的慈善的出现，并且从历史角度上看它也为后世慈善事业的发展提供了最久远的佐证。

进入阶级社会以后，福利是救助的主要形式。这表明，在进入

---

① 《礼记·礼运》。

阶级社会后，国家首先觉醒过来，将救助纳入自己的统筹范围中来。由于中国历史上福利与慈善之间水乳交融的密切关系，我们的论述也会涉及许多福利方面的内容。下文的论述中，作者将尽量将二者标识清楚。

当国家产生后，相传在夏代就已经有发钱救灾之举。周朝设地官"司徒"一职，其职责"大都关乎教化百姓，辅佐礼治，且有相当的部分涉及与民众生机相关的社会福祉与保障事业"。司徒的活动既涉及日常的慈幼、恤贫、养老、赈穷、宽疾，又涉及当国家发生自然灾害的紧急情况时应急救济灾民，包括使用移民、调粟、平粜等相关政策。

基于此，曾有学者将司徒之职视为慈善的开端，这是不准确的。因为司徒是奴隶制国家的高级官员，代表国家行使救助职能，使用国库资金作为救助资源，其救助行为属于国家福利的范围。

春秋战国之际，历史上出现了关于民间救助的记载，国家之间亦有"粜粟相救"之福利善举。春秋之时，有善人"立�食以守路"，在路上设食物救济饥民。战国时期齐国大饥，黔敖在路边设饭食施与饥民，此为赈粥。公叔文子亦在卫国施粥赈饥。这些都是关于慈善行为比较早的记载。这些早期的救助，大多以个人为主体，以赈济为手段，虽然也取得了"活者众"的效果，但大都是临时行为，并未形成一种长效机制。但值得一提的是，这种民间救助有时候并不是为社会主流文化所欢迎的，孔子就曾经对民间救助不止一次地表示过反对意见，请看下文：

鲁国之法，鲁人为人妾于诸侯，有能赎之者，取金于府。于赣赎鲁人于诸侯，来而辞不受金。孔子曰："赐失之矣！夫圣人之举事也，可以移风易俗，而受教顺可施后世，非独以适身之行也。今国之富者寡而贫者众。赎而受金，则为不廉；不受金，则不复赎人。自今以来，鲁人不复赎人于诸侯矣。"孔子亦可谓知礼矣。故老子曰："见小曰明。"①

  《全唐文》中也记载了孔子对"縕"仕卫自己出资救济贫者行为的否定。这些都表明了儒家思想对民间救助不赞成的态度。儒家思想的这一观念深刻地影响了整个封建社会，它为漫长的中国封建历史定下了"国家救助"的基调，从而使得中国民间救助活动的觉醒尤为迟钝。"在儒学思想中，国家的仁政与民间慈善事业是不能并存的"。在这样的文化氛围下，民间慈善在国家救助的威严下一直蒙昧地生存着，迟迟不能实现组织化，这种情况一直持续了很长一段时期。嬴秦暴短，到了两汉时期慈善又有了新的发展：两汉的民间救助仍然以赈粥等传统方式为主，而且"汉代施粥赈饥，已经成为救荒的普遍措施"。此时仍没有成型且有影响的慈善组织出现。慈善有行为而无组织，这是中国慈善事业发展的最初面貌。

  这种情况一直持续到魏晋南北朝时期佛教的传入②。佛教对古代慈善组织的发展起到了非同一般的作用，它促使慈善行为由自发变自觉，摆脱了应急性、个人性的特点，第一次拥有了清晰的文化理念。佛教创立了许多延续至今的重要的慈善理念，如悲田思想、福田思想。以这些思想为指导所产生的广泛存在于佛教寺院中的慈善组织成为当时最有代表性的慈善组织。修福积德的思想成功地激发了人们现实生活中的利他行为，慈善事业的发展第一次走向了组织化和制度化。除了自己进行民间救济，宗教组织与国家也合作进行了一些救济活动，如北魏文成帝时创立的僧祇粟的制度，专门规定向部分僧祇户课纳一部分粮食专作救济之用。延续到隋唐时期，由于统治者对佛教的态度不一，寺院中慈善组织的发展也有所波折，唐武德八年（625年）高祖说"老教、孔教，此土之基；释教

---

① （汉）刘安，等. 淮南子 [M]. 北京：北京燕山出版社，1995：295.
② 一说：东汉时期佛教寺院的济贫救困活动，这是中国最早的民间慈善救济事业。见徐卫华《发展慈善事业的理念认知与行为方式》一书论述。

后兴，宜崇客礼"；唐太宗继承了这一观点，贞观十一年，唐太宗云"天下大定，亦赖无为之功"；当时的李唐王朝希望能攀附道教主李耳作为祖先，因此唐初的李氏皇族是尊道抑佛的。后来佛教在唐代的巨大发展，与一代女皇帝武则天有着非常大的关系。一方面，她不姓李，故而需要通过宗教上的重佛抑道来打压李氏家族；另一方面，佛教曾经为武则天登上皇位证实过合法性[①]，为女主登基提供了教义上的支持。结果佛教在武则天当政时期大兴。据说武则天请禅宗北宗的首领神秀到长安行道，亲自行跪拜之礼，神秀所到之处，王公士庶望尘拜伏。但这种情况并没有持续太长时间，随着武则天的退位和李氏家族重掌皇权，皇室的宗教偏好又被扭转回到了以前的状态。开元初年丞相宋璟上奏认为，悲田养病坊"遂聚无名之人，着收利之使，实恐逃逋为数，隐没成奸"，唐玄宗最终在公元734年下令将京师乞儿全归病坊收管，由政府拨付额外的经费，以此来加强对悲田养病坊的控制。但这些措施并没有影响到悲田养病坊的发展，直到唐武宗废天下僧寺，悲田养病坊才真正变成了官方管理的机构并改名为"养病坊"，从而失去了它的宗教性和民间性。除此之外，盛唐期间也存在其他一些民间慈善行为且"民间社会的慈善活动还开始突破地缘和血缘的限制，救济范围有了新的扩大"。唐代慈善组织虽然赢得了大规模的发展，但是整个发展过程受最高统治者个人偏好的影响非常大，发展态势具有不稳定性。

到了以空前绝后的高福利著称的宋代，出现了一种区别于佛寺中带有宗教色彩的组织的另一种慈善组织——家族色彩浓厚的"义庄"。"义庄"的出现成了慈善组织发展史上第二件具有里程碑意义的事件。"义庄"是一种家族事业，它首先是在宋仁宗皇祐二年（公元1050年）由著名政治家、文学家范仲淹所创立，其主要作用

---

① 载初元年（689年）沙门表上《大云经》，并造《经疏》，其中有关于女主王国的论述。参见范文澜《唐代佛教》一书。

是救济族中贫困无告之人，为本族贫寒子弟设立义学，对遇到天灾人祸或者婚丧嫁娶等大事的人实施临时救助。后来，范氏"义庄"的成功受到了其他家族的认可和效仿，家族"义庄"由此兴起。"义庄"的出现体现了中国传统宗族观念的现实影响，也表达了儒家"达则兼济天下"的修身愿望。在元代，福利事业处于大幅倒退的状态，除了某些领域得到了特别的发展，国家整体福利水平根本无法与宋代相比，慈善组织的发展也乏善可陈。

慈善组织发展史上的第三次飞跃发生于明末清初。"明末民间慈善组织之中以同善会最突出"，最早出现的同善会，大概是杨东明于万历十八年（1590 年）在河南虞城建立的。同善会（筹募善款和其他救助）、会馆（救济同乡）、清节堂（救助贞女孀妇）、掩骼会（救助贫民丧葬）、族田义庄（救助族人），这些都是当时民间慈善组织发展的硕果。明末清初出现的民间慈善组织，最靠近现代意义上的"慈善"，在它身上，可以看到当时新兴工商业文化与传统文化之间的对抗，它具有"教化"特点。① 至此，中国古代慈善组织的发育达到了最高点。直至鸦片战争后，随着西方慈善理论与实践的流入，慈善组织才又开始了新的成长周期。

（二）古代慈善组织的特点

古代慈善组织经历了三个阶段的发展，终于在明末清初发展为与现代慈善理念相接轨的民间慈善组织。纵观古代慈善组织发展的历程，具有如下几个特点：

1. "国家救助"是主流，慈善组织居弱势

"国家救助"一直是中国古代社会救助的主要思路。这大概与古代中国愈演愈烈的集权体制有着重要的关系。自秦汉集权体制确立以来，历代政府都非常注意中央政府对国家权力的集中与控制，

---

① 参见梁其姿在《施善与教化——明清的慈善组织》中的观点。

这就决定了他们对慈善组织的基本态度有所保留。一方面，封建政府对那些从使用资源、救助对象和运作过程都流于民间的慈善组织感到不够信任。而另一方面，儒家思想向来督促明君仁政，鼓励国家对贫苦、疾病、无告、残老之民"有为"，让"鳏寡孤独废疾者皆有所养"，事实上把现实压力和道德压力一同加在了君主身上；而君主为了满足儒家思想的这一要求，一般也不愿看到政府救助不力的情况出现，重政府、轻民间的传统也因此得到了强化。古代政府对于民间结社的谨慎和警惕决定慈善组织，尤其是大规模慈善组织的形成比较困难。就算是慈善组织通过自己的社会实力赢得了政府的认可与好评，国家也还是希望能够将其官僚化，就又绕回到了"国家救助"的思维定式中来。

2. 大发展背后总有巨大的文化动因

慈善组织发展中的三次飞跃，每次都以巨大文化动因为动力。宗教慈善组织的出现，以佛教在我国的传入和发展为直接原因。佛教的传入及其悲田、福田思想的发挥，对于人们积德行善的规劝，为寺院中慈善组织的活动提供了最直接的理论依据。家族慈善组织的出现，则与当时重塑儒家思想统治地位的尝试有关。唐末至五代常年动乱，封建伦理纲常受到很大破坏，士人多谋实利，不求名节，五代的更迭更是一幕幕"弑君"惨剧，严重破坏了儒家的政治道德观念，一些士人深为宋王朝的命运担忧，试图复兴并发展儒学。宋代"义庄"的出现，正是这种尝试的外在表现。它除了救助贫苦的家族成员，还资助族中子弟学习儒学、应试科举，以便将整个家族更好地规置于封建秩序之中。民间慈善组织的出现，则是资本主义萌芽阶段所产生的新兴工商文化力图摆脱"四民之末"的社会定位、挑战传统社会秩序的结果。由宗教传入——儒家思想的发展——工商业文化的产生及反抗旧有体制这条文化发展的线索，我们可以清晰地看见文化的嬗变正是慈善组织发展的动力所在。

3. 带有明显的人治特点

古代社会中处处弥漫着人治色彩，连政府机构的设置和运作都尚且如此，相对柔弱的慈善组织就更不用说了。以唐代佛教寺院中的慈善组织悲田养病坊为例，其在唐代几位不同君主统治时期曲折的发展经历正说明了人治影响之深：悲田养病坊在举佛抑道的武则天当政时期长足地发展，其兴盛甚至都引起了政府的关注并对其进行"置使专知"；唐玄宗统治时期，政府以供给经费的手段对其加强了控制，应该说这些举措还都是支持性的；但到了重道抑佛的唐武宗"会昌废佛"时期，悲田养病坊的命运发生了急剧的变化，遭受到严重的冲击而出现了"今缘诸道僧尼尽已还俗""悲田坊无人主领"的局面；在这之后不久它又马上被抹去"悲田"二字而完全丧失其民间性，被收归官方管理。在这个过程中，皇权的意志支配着慈善组织的存亡和兴衰。虽然任何事物变化后面都必定有其复杂的经济原因，但是最高统治者信仰和好恶的变化无疑在慈善组织发展的命运中起到了至关重要的作用。

鉴于古代慈善组织发展的特点，我们可以以史为鉴，对照当今慈善组织发展的情况，吸取有利因素，规避不利因素，促使其平稳而健康的发展。中国的慈善组织一直处于先天不足、发展缓慢的生存状态。这就要求我们一方面要追溯慈善组织发展的历史和特点，了解我国慈善文化的理念；另一方面要借鉴现代发展慈善组织的先进经验，科学、有效、及时地规划和实施慈善事业发展的步骤。

二、近代慈善组织的发展历史及特点

鸦片战争爆发以后，中国迅速向半封建半殖民地社会转变。经历了漫长古代磨砺的慈善组织不得不开始了步履蹒跚的近代化历程，迈入新的发展阶段。战争的来临和国家经济的衰退，加速了传统慈善组织的衰落和凋敝，在接二连三的打击下，社会事业一蹶不振。清朝政府虽然有心颁布政令维系社会救助，无奈内忧外患日重，朝夕不保，无力顾及，由此引发了国家福利的日渐收缩；在古代形成的以国家救助为主的救助框架下，国家福利的衰退将更多的救助责任压放在了慈善组织的肩膀上，而在整个中国历史上都没有扮演过主要角色的民间慈善组织此时也同样自顾不暇，更不用说再增加力量去补足原来由国家福利所承担的那部分责任了。于是不论官方福利还是民间慈善，传统的救助模式都不能够继续满足社会的需求，战乱中的中国面临着一次全新的考验。

我国慈善组织在古代发展节奏相对平稳，尽管也曾因重大政治、军事外力因素时而激变，但总体趋势偏于自主和松散，角色也更多是官方救助的补充。近代情况则大为不同，中西对立的本质乃是封建主义与资本主义之间的冲突。相对先进的资本主义慈善机制模式的传入及展开十分强势，对于中国传统社会的改造之快也是前所未有。新兴近代慈善组织乃是在我国被西方列强炮轰国门社会急转西化的摸爬滚打中孕育成型的，具有"催熟"特质。中国慈善为了适应彼时国家社会多灾多难的严酷现实，迅速完成了机制重构和组织变革，并积极谋求国际社会的身份认同。近代中国慈善组织初具现代风貌。

（一）近代慈善组织的发展历史

鸦片战争以来，西学东渐之风日盛。西方慈善组织频频来华活动，大大启蒙了中国慈善组织的再度嬗变。其中，天主教教会组织的活动尤为突出。"自19世纪60年代起，至抗日战争前的70余年间，天主教来华修会已经达到30个以上，女修会40余个。全国有代牧区37个，教徒74万人。外籍教士2 717人，华籍教士1 536人。"教会按照自己对社会慈善事业的理解，在华开展了大量救助活动，确实取得了较多的救助成果。在西方慈善组织的启发下，为了挽救濒临衰微、捉襟见肘的传统慈善事业，善界人士开始积极向西方学习，采用西方慈善理念创办新式慈善机构。红十字会（以下简称红会）就是在这样的历史背景下产生的，它在近代慈善组织中具有典型性。1904 年，日俄为了瓜分中国、争夺利益，在中国东三省界内发起日俄战争，软弱无能的清政府面对欺凌竟无耻地宣布"局外中立"。一时间，东三省"血肉横飞，内虞伏莽，外畏强邻，迁徙流离，呼号宛转"，为了拯救国难、挽救同胞，善界人士"特先筹垫十万金，拟设东三省红十字会普济善会"。① 尽管由于难以受到各方尤其是交战方的承认，这个组织旋即为随后成立的"上海万国红十字会"所取代，但是这毕竟是我国慈善组织向国际慈善事业靠拢所迈出的重大一步，可以说，红会正式开启了近代慈善救助。

红会成立后，我国近代慈善逐步步入繁荣时期。从此，中国近代慈善组织进入了一个发展机遇期。这个时期新型的慈善组织纷纷成立，还有一些旧有组织也在原有力量的基础上进行了整合和扩展，期望能够跟上慈善发展的潮流，为社会做出更多贡献。慈善组织在社会上日益活跃，为厮杀混战中的乱世中国带来了一丝温暖。当时比较活跃的组织主要有：1912 年 9 月，由上海市区原有同仁辅元、清节、普育、果育等慈善机构合并而成的上海慈善团；1919年，姚文楠、王一亭、熊希龄、施则敬等人发起成立的中华慈善团全国联合会；1921 年 11 月 16 日，在长期的整合、准备就绪后，中国华洋义赈救灾总会（简称华洋义赈会）正式成立，成立大会选举了艾德敷为总干事，章元善为副总干事，总会事务所设在了北京；"1922 年春，世界红卍字会成立大会在济南大明湖召开，由钱能训任大会主席……参加会议的有钱能训、徐世光、王芝祥等北洋政府官员及美国基督教长老会传教士李佳白等人"，大会制定了《世界红卍字会章程》，决定实行院会并立，即在有道院的地方都要设立红卍字会，并规定非道院修方不准加入；此外还有巾帼英雄张竹君女士创办的中国赤十字会，一代慈善名家熊希龄主办的集收养孤儿和实施教育于一体的"香山慈幼院"，等等。近代慈善组织形

---

① 参见《东三省红十字普济善会章程并启》。

式多样，分布广泛，数量繁多。仅在 1920 年北方五省大旱的救灾中，"积极参与此次灾荒赈济的民间慈善团体就有京畿农民救济会、北京民生协济会、华北救灾协会、北方工赈协会、山西旱灾救济会、陕西义赈会、上海女界义赈会、中华慈善团、国际统一救灾总会、华洋义赈会、中国济生会等数十个。"① 可见，当时慈善组织的发展已经达到了一定规模，它们密切关注社会大事，经常共同参加救助，有时还进行相互合作。由于政局的混乱和战事的频繁，慈善组织已经成为当时社会救助所倚重的不可或缺的力量。

20 世纪 30 年代后到新中国成立前，慈善组织的高速发展速度渐渐慢了下来。对近代影响较大的大多数组织已经在此前建立起来，这段时期，已有的那些组织更加注重自身建设和能力提高，如林可胜博士担任红会核心领导职务的 6 年（1938—1942 年）内，所接受的捐款就有 6 600 万美元；而当时政府向美国贷款，一次也不过是 1 500 万美元。

（二）近代慈善组织的特点

近代慈善组织发展具有以下特点：

1. 中西文化对撞仍是发展动因

古代慈善组织发展经历了三次大的飞跃无一不与文化跃进挂钩，时至近代，慈善组织再次嬗变，文化对撞仍是其发展动因。资本主义文明中产出的西方慈善模式，以先进于封建主义的相对优势，促使中国慈善从业已弱化的传统模式中脱嵌，进而谋求再定位、新发展。

2. 组织的制度、结构迈入现代化

在近代，慈善文化西化的结果并非国人慈善动机和慈善心理的西化，更多的是组织制度、结构的西化。近代慈善组织在制度上学

---

① 　参见《东三省红十字普济善会章程并启》。

习西方，采用了现代会员制、董事会制①，而在结构上则采取了现在仍被广泛使用的总会—分会结构，这些都使得慈善组织的建构开始具备外向型特征。其结构如图1②所示：

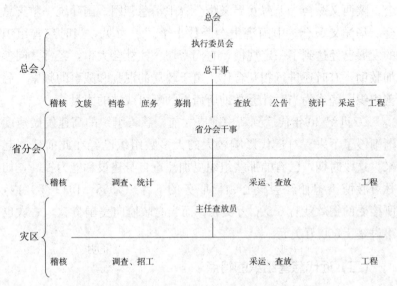

图 1   华洋义赈会处理数省灾荒时机构设置示意图

可以看到，近代慈善组织的组织结构已经大大发展，不但建立了反应敏捷、覆盖面广的全国救助网络，还为组织的不同活动设定了固定有序的部门分工，这些都是传统组织所不具备的。总体而言，在西化前传统慈善组织所采用的模式是内向型而非外向型的，

----

① 此处需要注意，我们所言的是现代会员、董事制度。因为会员制、董事制度在古代慈善机构中也存在。如清朝初年，蔡连（号商玉）和闵向南在扬州所创立的育婴善堂就采用过类似的社员制，并且为了善堂的经营，曾规定社员每人轮值一月，如果会员的开销不足，则有当值人员出资补足。这说明，会员捐赠已经是当时慈善组织的重要收入来源。而乾隆期间，也在轮值制度出现后出现了董事制。但是，这毕竟与近代红会、华洋义赈会等组织所遵循的会员制度是两码事情。参见梁其姿：《施善与教化——明清的慈善组织》，一文。

② 资料来源：中国华洋义赈救灾总会编《赈务实施手册》。

它具有较为稳定的内部支持，但社会动员能力却相对较差，很难发展成为一张遍布全国的救助网络。近代社会情况特殊，战事纷飞、军情火急，内向型组织建构很难承担起变化快、责任重的救助任务，这就要求慈善组织要适应时局状况迅速改善自己。慈善组织于是改变了和平年代那种不急不缓的内向型建构特征，加强组织的社会活动能力，采用外向型的组织建构，由此将募捐与救助都迅速地传输进来或安排下去，为慈善活动争抢时间和机会。中国慈善组织结构的变化以近代时期最为显著，之后这种新的结构一直延续到当代。当今我国慈善组织所采用的模式仍然是近代所确定的内容。

3. 中国慈善组织开始走向国际化

近代历史是我国慈善组织走向国际化的第一个活跃期，相比第二个活跃期即新中国成立后改革开放引发的慈善国际化浪潮，这一时期的国际化尝试要被动、艰辛许多。初具国际化特征的近代慈善组织不仅积极在本土开展慈善救助，吸收外来理念、技术和资金援助弘扬善业，也积极对外开展国际慈善活动，以证明中国慈善组织亦有国际主义精神。中国慈善事业通过自身在国际慈善界的活动，也在世界上为当时身为弱国的中国争取到了很多与世界对话的宝贵机会。

广大国际友人不仅对千疮百孔的近代中国给予了各种各样的救助，有的还亲自到中国来参加一线救助活动，甚至为此献出了宝贵的生命；广大华人华侨也为祖国的慈善事业做出了巨大贡献。[①]

当然，西化也必然会引起一部分人的担忧甚至反对，时人王熙普在《申报》发表的《创设红十字会之理由》一文中，就曾经埋怨由五国合办的"上海万国红十字会""托英人代办不能自救其生命，已耻不可言，不能自救反使救济权为外人所操，嘤嘤乞求于外人，耻莫甚焉"。除去民族感情的因素，合办的事实也确实潜藏着许多问题和争端，因此这些反对的声音也并非全无道理。

———————————

① 本段论述参考麦礼谦《再述历史：关于美籍华人的汉语资料书目》中的观点。

4. 慈善组织出现了与政府权力之间的博弈

近代所出现的慈善组织与政府权力相抗衡博弈的情况，乃是中国历史上从来没有出现过的新现象。红会归官又归民的斗争过程就是这方面一个典型的案例，史料记载：1910 年 2 月 27 日，盛宣怀在被清政府任命为中国红十字会的会长后，曾经一心想推进红会的官方化进程，意将"中国红十字会"易名为"大清红十字会"，并奏请朝廷添铸"大清红十字会"关防，其建议受到清政府的采纳。6 月 5 日，关防启用，红会归官。然此举在朝野引起了不同的反映：朝廷中热情高涨，支持归官之举；而红会事务真正的负责人沈敦和等人对此深表担忧与不满。因为"归官"显然违背了国际红十字会的中立原则，红会归官了，但红会所募集的善款善物却是由中外善士捐输供给，二者显然冲突。1911 年 10 月，辛亥革命爆发。10 月 24 日，为了更好地贯彻战争中的救助，沈敦和毅然抛开"大清红十字会"，在沪发起"中国红十字会万国董事会"。清政府闻知此事后认为沈敦和此举乃是"欺君犯上"，完全可以治他的罪。但红会巧妙地贴上了"万国"的字样，便"使中国红十字会具有了国际性，如果处置失当，可能会招致外交上的麻烦。清廷焦头烂额，如何是处，举棋不定"。最后还是默认了沈敦和等人的做法。红会又再度归民。从中可以看到，近代慈善组织由于政府的弱化，已经能够利用自身资源公开对抗政府了。国家力量的弱化和慈善组织的渐强，以及两者之间的互相冲突与较量，乃是中国近代独具的现象。

中国慈善发展过程中，各类文化元素的相互影响、融合甚至冲突并不少见，但这些都不足以改变历史发展的大方向，却促进了慈善组织的一次次跃升。尤其在近代，中西文化对撞剧烈，即使面临国土被殖民瓜分的严酷环境，中国善界仍能秉持初心、救国抚民、勇敢弘扬国际主义精神，以新的人文面貌立于世界民族之林。今天的中国慈善组织则更应有文化自信，稳扎立场、善于扬弃，取其精华弃其糟粕地做好新时代慈善文化建设工作。

第三章　当代中国慈善组织的特点

当代中国慈善组织的发展也并非一帆风顺。新中国成立初期，受当时社会环境和国际环境的影响，慈善组织一度在中国大陆销声匿迹多年。改革开放后，慈善组织由开禁到蓬勃发展，终于迎来其发展历程中的又一个黄金时期。当代慈善组织不仅不断推动自身建设，还积极投身国际合作，并为中国赢得了广泛的国际友谊和良好的国际声誉。

一、当代慈善组织的基本发展状况

在新中国福利制度逐步建立后，改革开放为中国慈善带来了飞跃发展的又一个春天。日益健全的组织建设和日益开阔的世界眼光，使得中国慈善组织正以崭新的面貌参与到世界慈善事业的洪流中去，为世界慈善事业做出自己的贡献。

（一）当代慈善组织的发展历程

新中国成立后，慈善组织的发展一度陷入低潮，曾在很长一段时间内销声匿迹。但是也有学者认为，在这个时期内，中国慈善事业还是依然存在的，只不过是以某些特殊的形式和方式存在并发挥作用，如五保户、互助会等。"这些官办的慈善事业虽然不属于现代意义的慈善事业，但是，还是属于慈善事业范围之内的活动和组织，不能因为组织形式落后而不予承认。基于这些情况我们还是称之为新中国时期的特殊慈善事业。"但仔细分析起来，这些组织是否可算作慈善组织还有待商榷，因为它们并不完全符合慈善组织的基本特征：五保户属于官办，互助会则有似于互益型组织，它们都不符合慈善组织的基本特征。还有人提到了学雷锋活动。学雷锋活动，虽然是中国志愿者活动的前身，但在当时还处于涣散和临时的状态，也不能算是真正的慈善组织。可见，新中国成立之初到改革开放前我国的慈善事业几乎是空白的。慈善组织的复苏，是从改革开放后的 20 世纪 80 年代逐步开始的。但当时的社会环境仍旧非常苛刻。1985 年崔乃夫同志（"中华慈善总会"创始人）在民政救灾的过程中发现棉被在农村急缺，而城里却有好多人家闲置不用，就想能不能把城里多余的棉被拿来给农村人用呢，结果还是招致很多人的不解，还有人说这是在往社会主义脸上抹黑。20 世纪 80 年代初，政府的一些部门希望做一些公益事业，于是我国诞生了第一批公益基金会，并在整个 80 年代经历了一场"基金热"。到了 90 年代初，尤其是 1992 年邓小平同志南方谈话以后，新时代慈善事业渐渐成长起来。随着改革开放的不断深入，政府自身也开始尝试一些大型慈善救助活动，由中国青少年发展基金会发起和实施的集"扶贫"与"教育"两大主题于一身的"希望工程"是在当时举办得最成功、社会影响力最强的慈善事业，是当时"我国社会公益事业的一面旗帜和 90 年代我国最重要的社会事件之一"。1995 年北京世界妇女大会，是学界公认的非政府组织亮相中国的标志性事件。从此开始，慈善事业开始打破尴尬状态，重新回到了人们的视野中并开始赢得新的社会声誉。但是，中国慈善发展之路依旧艰辛和曲折：一方面"从被定义为'具有伪善性和欺骗性'的反面事物到'体现社会主义精神文明'的崇高事业，这当中存在一个非常明显的反差"，必须对过去长期存在的错误观点进行反思与澄清。另一方面，慈善作为新兴事业出现在国内，其文化修炼、机构设置和制度建构都不完善，导致包括希望工程在内的诸多大型慈善机构都出现过重大的财务等方面的问题，公信力建设一直是国内慈善组织发展建设的软肋。

（二）当代慈善组织的制度建设

当今我国慈善组织的发展还处于初级阶段，民间力量对构建慈善组织有着充分的热情，但是慈善组织的管理制度、免税优惠政策及其他配套措施都还没有跟上形势发展的需要。2013 年以来，双重管理制度有所突破无疑为慈善组织发展带来了好声音。《关于改革社会组织管理制度促进社会组织健康有序发展的意见》明确指出：要降低准入门槛，稳妥推进直接登记。重点培育、优先发展行业协会商会类、科技类、公益慈善类、城乡社区服务类社会组织。成立行业协会商会，按照《行业协会商会与行政机关脱钩总体方案》的精神，直接向民政部门依法申请登记。2016 年颁布的《中华人民共和国慈善法》，标志着慈善组织发展迈进了有法可依的新阶段，也被社会各界公认为是中华慈善史上里程碑式的事件。当代中国慈善虽已顺利实现立法修章的宏观目标，但是想要更好地发挥第三次分配的积极作用，还有很长一段路要走。

（三）当代慈善组织的地域分布

当今慈善组织发展迅速、覆盖广泛，已经遍布到了全国各个省、自治区、直辖市。我国各个地区县级以上的行政区域都完成了红会的组织建构，中华慈善总会系列的慈善组织也是全国性的，其活动范围也基本覆盖到了全国。

广大的草根组织在分布上则缺乏这样的规律性，而且从管理层面上非常难以统计。但是大小不一的草根组织的确广泛分布于社会的边边角角，它们甚至比官方背景的组织更及时、更经常地出现在那些需要救助的地方。虽然它们多数力量较小，不能像大型慈善组织那样在全国范围内伸缩自如，但是它们的分布同样具有全国性。

国外慈善组织的活动状况稍微复杂一些。由于国外慈善组织需要通过与国内组织合作才能在国内从事慈善活动，因此国外慈善组织的分布范围应当是小于或等于官方慈善组织的分布范围。它们的活动范围也非常广泛，其活动则接受我国法律的规范。

综合各类慈善组织在中国分布的情况来看，影响地区分布的因素主要有以下几点：

1. 地区经济实力

地区经济发展状况是慈善组织生根成长所依赖的基础。从中国目前的状况来看，东部沿海发达地区的慈善组织发展明显走在了西部欠发达地区的前面。发达地区的慈善组织不仅数量较多、分布均衡，而且其慈善组织的发展运营已基本达到了与世界接轨的成熟程度。例如，在上海出现的与国际慈善事业接轨的"哀伤服务"。2006年1月8日，上海市慈善基金会与上海福寿园共同启动了"星星港"慈善关爱专项基金，它开辟了中国慈善事业的一个新领域，是专门针对爱子爱女夭折的父母所设立的。由于国内一直都没有这种较为特殊的慈善组织，星星港被誉为中国"哀伤服务第一港"。慈善组织在发达地区的繁荣是因为：一来发达地区具有强大的经济实力，本地区的富有者与贫穷者之间存在着很大的财富落差，要比广大不发达地区所存在的落差更大，而贫富分化正是影响慈善捐赠的重要因素之一，较大的财富落差更容易鼓励捐赠行为；二来发达地区的政府一般在慈善事业的探索上更为积极，更容易以开放、欣赏的眼光来关注慈善组织的发展，并希望借助慈善组织的发展来实现公共管理目标，因此慈善组织在发达地区更容易争取到知音，也更容易寻找到与政府合作共赢的途径。

2. 介入慈善的早晚

介入慈善事业的早晚，也是影响地区慈善组织发展的重要原因。以第一个成立慈善总会的省份吉林为例：吉林省是全国第一个成立慈善总会的省份，但基于其地理位置和经济发展状况，吉林省的慈善组织在全国而言发展并不是最快的。由于其涉足慈善事业较早，慈善发展具有比较好的根基，很长一段时间里其慈善组织的数量相较其他省份是比较多的。由此可见，除了地区的经济发展因素，介入慈善事业的早晚也是影响该地区慈善事业发展的重要原因之一。

3. 制度因素对慈善组织分布的影响

制度因素对慈善组织分布的影响主要体现在不同类型组织的分布状态上。以中国香港为例，香港准政府慈善组织较少，但这并不是因为香港的慈善事业不发达，恰恰相反，香港慈善事业的成熟程度远远超过内地。与此同时，国际组织非常乐意落户香港，因为香港具有国际交流的便利和西化的人文环境，这些都有助于国际组织在香港的发展与成长。可见，制度因素对慈善组织的地域分布有着一定的诱导作用。

二、当代中国慈善组织的建构

（一）会员制度

现代慈善组织普遍实行会员制，慈善机构的最高权力机构是会员大会。

会员制度是现代慈善组织建构的重要制度之一。一般来说，会员可以分为以下几种：

1. 个人会员

拥护组织宗旨与章程，自愿加入组织，遵守组织制度、规定，参加组织活动的自然人被称为组织的个人会员。个人会员是组织的细胞，没有个人会员的参与与支持，慈善组织将会形同虚设。个人会员的数量与质量充分反映了组织的发展基础。在发达国家中，具有良好经济能力的个人会员是慈善组织募集资金的主要来源；而在慈善事业尚不够发达的中国，个人会员的捐赠还非常薄弱。

2. 群会员

群会员不同于团体会员，当然也不同于个人会员。群会员并非以一个组织的名义加入到慈善组织中来，而是群中各个会员仍然作为个人会员加入慈善组织，但同时又注明他们具有群的关联性。这样的做法既保持了会员个人的独立性，又能以群的共同加入获得慈善组织给予群会员的认可和优惠。例如狮子会中的家庭会员，就是一种群会员。①

3. 团体会员

团体会员是指某个组织以一个组织的名义加入到慈善组织中去，既遵循慈善组织的宗旨、章程和其他规定，按时交纳会费，履行成员的权利义务；又在身份和行动上保持原有组织本身的独立性，其成员以组织成员的身份在慈善组织中根据本组织的决策采取一致行动，在慈善活动中不具有个体的独立性。企业多采用团体会员的身份参与慈善活动，它们在慈善组织中虽然不像个人会员那样数量繁多，但是往往具有较好的慈善捐赠能力，是善款来源的中流砥柱。

4. 名誉会员

慈善组织为了提高自己的知名度和影响力，能够更好地向社会宣传自己或者募捐，往往会邀请一些具有知名度的社会名人或者具有特殊身份的人参与到自己的组织中来或者出任组织某些重要的职务，这些名人或者具有特殊身份的人就被称之为名誉会员。名誉会员的影响力和号召力，往往能够为组织赢得更好的社会公信力，为组织带来光环效应。

（二）结构制度

慈善组织的结构制度分为两个方面的内容，一是指慈善组织自身的机构设置，二是指慈善组织总会与分支机构之间的关系。

---

① 参考国际狮子会网站。

1. 慈善组织自身的机构设置

当代慈善组织结构大体相近，基本沿袭了近代慈善组织发展的组织结构特点。会员代表大会行使组织的最高权力，下设日常领导事务的组织理事会来行使日常管理，在设立理事会的同时设立监事会监督组织的运营。以中华慈善总会组织结构图（图2）为例：

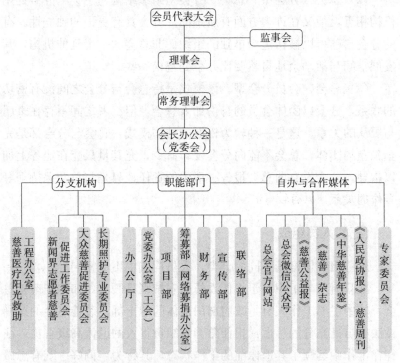

图2　中华慈善总会组织结构图

2. 慈善组织总会与分支机构之间的关系

发展较好的慈善组织往往要设立相关的分支机构来帮助总会贯彻落实组织的发展目标，总会与分支机构之间的关系根据不同需要呈现出不同的模式特点。一般而言，总会与分支机构之间有以下四种关系：

（1）总会—办事处型。在总会下面根据需要设立办事处，是总会对于分支机构控制最为严格的一种分支方式。福特基金会采用的就是这样的操作模式。办事处秉承了总会的目标和宗旨，在世界各地分别开展活动，共同推动福特基金会的国际慈善事业。总会—办事处型的组织结构有利于慈善组织统一行动步骤和整体把握资源。

（2）总会—分会型。总会—分会型组织结构与总会—办事处型机构相近，但又在许多方面有所不同。分会具有更强的独立性，有的分会自己可以被认定为单独的组织而非总会的一个延伸机构，其发展空间与活动余地自然要比办事处宽松一些。

（3）总会—会员分会型。该模式是指总会与分会之间没有密切的联系，分会以团体会员的身份加入总会，但二者之间不存在隶属与服从的关系。这是一种较为松散的结构模式，总会与分会都是完全独立的团体，总会不能向分会发布命令，充其量只能在业务上加以指导。分会没有向总会报告、请示的责任，只是与总会保持平等合作的关系。

（三）人员组成

慈善组织依据其不同的分类，人员构成也不尽相同。

准政府慈善组织对于工作人员的安排别具匠心，如中华慈善总会，其中主要工作人员是政府部门退休的老干部。慈善总会的这种做法有自己充分的考虑：担任慈善组织负责人的退休高级官员，往往在工作中延续了其退休前的工作状态，其行为、偏好中既有忠诚和服从的一面，又有追求成就感、自尊和独立的一面；另外，他们能够利用多年积累的政治资本来提高与现任政府官员的谈判地位，这也为慈善组织的发展争取到了更多的权利。除了慈善总会的特殊情况，准政府组织的工作人员也出现过占有行政、事业编制的情况，但这并非这类组织人员结构的常态，一般是当地政府为了促进该组织发展而为其提供的特殊优待而已。

草根组织的工作人员一般是合同制聘用，不存在编制和待遇的问题。在这个问题上，不同的草根组织有不同的看法。很大一部分草根组织实际上并不满意这种现状，而是希望政府在人员身份认证方面能够给予一定的照顾和优惠，否则组织将会一直处于人才流失的恶性循环；也有些组织习惯于这种较为宽松自由的工作环境，认为这样没什么不好，更有利于组织灵活、机动地开展工作。

国际组织的工作人员也由合同制招聘而来。国际组织的工作人员既有组织所在国家的代表与骨干，也有为了本土化而在工作地点招聘的当地员工。他们的待遇因工作地点、方式、强度的不同而有所不同。

除了正式员工，慈善组织中还有大量的志愿者。志愿者也是组织的很大一部分人力资源。他们的工作时间和工作内容都比较灵活，虽不是组织的常规工作人员，但是也为组织发展做出了巨大贡献。

三、当代中国慈善组织活动的领域

慈善组织所关注的问题主要是社会弱势群体的基本需求。慈善组织的活动领域主要集中在社会保障的几大软肋上，关注的"重点在'底线'上，即优先解决弱势群体的需要，解决富裕反衬下的贫困问题、发展必须重视的教育和医疗问题。这些是底线，是公平的底线，也是责任的底线"（景天魁，2007）。当代慈善组织的活动领域已经基本上遍布整个社会生活，社会生活中到处可见慈善组织工作者和志愿者忙碌的身影。总体来看，慈善组织关注的最主要的社会问题是医疗、教育、公共资源匮乏等相关问题，主要包括以下几方面。

（一）助医

慈善组织以救助那些身患疾病而又没有条件就医的弱势群体为己任。由于医疗保障的不完善，慈善助医才显得尤为重要。助医包括两层含义：一是在贫困落后地区开展免费义诊和健康教育；二是组织实际的医疗救治，如资助唇腭裂、白内障、大骨节病贫困患者进行手术。

不论是慈善组织所贯彻的常规体检诊疗还是特殊病患救治，慈善组织在补救医疗保障漏洞方面都做了很多实际有效的工作，为困境中的病患群体打开了一扇争取救治的希望之门。

（二）济贫

在慈善组织的活动领域中，济贫是很大一部分内容。在这里有一点我们需要说明，中国的慈善文化主张"救急不救贫"，故而慈善救助所更为关心的往往是贫困引发的急需救援的项目，如失学、重病，而不是贫困本身。中国救助传统倾向于将扶贫开发留给政府或者其他组织来解决，而不倾向于让慈善组织来解决这个问题。这是中国救助的一个特点。慈善组织的济贫与福利机构的保障有所不同，它还带有一定"授人以渔"的倾向，往往通过教授技能或是提供起步资金来帮助被救助对象，而非像福利保障那样单纯地给予物质资助。

（三）助学助教

发展教育也是慈善组织自古以来长期形成的救助传统。改革开放后，作为在中国慈善历史上具有里程碑作用的希望工程，就是以救助失学儿童为主题的。从希望工程评估报告来看，希望工程的实施对于缓解农村地区儿童失学问题有着显著的作用：1996年，希望工程在所调研的695个实施县中安排受助学生的数量已占当时失学儿童总数的30.9%，1999年这个比例又有所上升；另外，为了达到更好的救助目的，其救助不断向落后地区倾斜。

助教也是慈善组织为发展教育事业所做出的尝试。教师，是人类灵魂的工程师，但在经济上却一直都是比较清贫的形象。尤其是在落后地区，有时候由于工资太低，乡村小学甚至都找不到一位合适的正式教师，只能由校方请临时的代课教师来维持。慈善组织从事助教活动，有时会为教师提供一些必要的物质资助，有时会帮助学校改善基本的教学环境，这些都有利于改善教师的实际生活条件，保障和促进落后地区教育事业的发展。

（四）应急救助

遇到自然灾荒和紧急情况时，慈善组织也有从事应急救助的功能。1998 年初，张北县发生强烈地震，到了夏天长江、松花江、嫩江流域又发生了历史罕见的严重洪涝灾害。在面临严重自然灾害的情况下，中华慈善总会向社会大力宣传募捐，两次赈灾活动筹募善款善物共 6.8 亿元。[①] 从那之后，我国更加意识到社会捐赠和慈善救助是国家应对紧急事件所依赖的重要途径之一。自 2020 年新冠疫情全球蔓延以来，中国已向世界提供新冠疫苗和原液超 7 亿剂。截至目前，中国对外援助和出口疫苗数量超过其他国家的总和。中国疫苗是许多发展中国家获得的第一批疫苗，堪称"及时雨"。一些国家元首和政府高官带头接种中国疫苗，为中国疫苗投下信任票。

（五）慈善培训

慈善培训也是当今慈善组织所着力加强的一项工作。在救助过程中，慈善组织发现仅仅提供短期的慈善救助往往不能满足受助对象长期的生活需要，于是它们开始投入设立能够帮助受助对象掌握一定技能、彻底摆脱困境的培训机构，以"授人以渔"代替"授人以鱼"。这种救助有时是针对普通困难群众的，有时是针对生活有困难的残障人士的，有时也会涉及一些边缘群体，帮助他们再次融入社会之中。

随着社会的变化，人们的需求和发展也呈现出多元化样态。慈善组织所提供的服务和救助也势必要跟随时代发展前进。我国慈善

---

① 张汉兴．中华慈善总会第一届理事会财务工作报告（2002 年 1 月 30 日）。

组织现在也逐步开始关注一些更为前沿的社会问题，如哀伤服务、心理疾病等。

四、当代中国慈善组织的资金来源

慈善活动中善款善物的来源有四个方面，即社会募捐所得、其他慈善组织的捐赠、政府拨款，还有会费、社会赞助款、利息等自身收入。

（一）社会募捐

慈善组织一般都有向社会募捐的职能，按照募捐方式可以分为公募和私募。公募慈善组织由于具有更为广泛的社会影响力和资金吸纳能力，也受到国家法律更为严格的约束和管理，如《基金会管理条例》（2004）规定"全国性公募基金会的原始基金不低于 800 万元人民币，地方性公募基金会的原始基金不低于 400 万元人民币，非公募基金会的原始基金不低于 200 万元人民币；原始基金必须为到账货币资金"。这样看来，法律对公募基金的管理已较为严格，但是对于非公募基金的管理则相对宽松。

在募捐过程中，慈善组织既会设立一些日常募捐的机制和设备，方便人们行赠，如在超市中设立慈善爱心捐赠箱、设立"慈善一日捐"这样的机制；也可以定期或在遇到重大事件时举办大型的慈善公益活动，号召社会各界为了某一主题积极参与捐赠救助活动，如抗洪义演等。

（二）接受其他慈善组织捐赠

慈善组织也可以接受其他慈善组织的捐赠，这也是组织募集资金的一种重要方式。如 2006 年，"股神"巴菲特将 370 亿美元捐赠给了比尔与梅琳达·盖茨基金会，在全世界造成了轰动效应，一时间被传为善界美谈。富翁创立的慈善组织之间的资金转移固然壮观，但接受其他组织捐赠更普遍的是发生在那些不发达地区的慈善组织身上。这些组织由于地处偏远落后地区，单独依靠自己募捐不可能取得很好的效应，通常需要其他组织对其进行资助和支援。

（三）政府拨款

在慈善组织发展起步阶段，国家各级政府可能会对本地慈善组织采取一定的扶植政策，对慈善组织进行一定的物质支持。今后，政府的支持将更多表现在政府购买社会服务上。

（四）自身收入

这部分收入容易引发歧义。因为一般认为，慈善组织是非营利组织，应该不参与经营。这是一种偏见。慈善组织可以从事创收活动，但创收所得不允许用于为单位和个人谋取利益，而应当用来继续扩大和发展慈善事业。自身收入往往都是慈善组织经营所得，这部分资金是慈善组织收入来源中很小的一部分，慈善组织开展活动所依赖的主要资金通常是由别的方式筹集而来的。慈善组织的自身收入包括：

1. 会费、社会赞助款、利息

无论慈善组织的个人会员还是团体会员都要履行会员职责，每年为组织交纳一定数额的会费。交纳会费的规定一般都在章程中有所体现，是会员必须履行的重要义务之一。社会赞助款和利息不像会费那样稳定，但也是慈善组织自身收入的来源。

2. 其他投资经营

慈善组织从事投资经营获得的收入也是慈善组织的正当收入。组织可以通过投资、租借、提供服务获得一定的收入，用以满足慈善组织当今或者以后的发展需求。但鉴于善款对于慈善组织的重要性，慈善组织在面临涉及善款的投资问题时应当三思而后行，谨防成为违法犯罪行为的牺牲品。因为即使是规模最大、最具有权威的慈善组织，有时也会面临投资陷阱。

第四章　当代慈善组织的
管理制度建设

改革开放尤其 20 世纪 90 年代以来，中国慈善事业蓬勃发展、积极向上，慈善制度建设随之起步，相关制度相继出台，先后经历了实践推动制度发展、先定规后立法的过程。在慈善组织发展壮大的爬坡期，依靠《社会团体登记管理条例》《民办非企业单位登记管理暂行条例》《基金会管理条例》三大条例及配套制度实现对慈善组织的分类登记管理。而其运营则依靠《中华人民共和国公益事业捐赠法》《中华人民共和国个人所得税法》《中华人民共和国企业所得税法》的相关政策优惠。其他未尽事宜再通过各类政策性文件予以补充完善。直至 2016 年，《中华人民共和国慈善法》颁布，标志着慈善组织发展迈进了有法可依的新阶段，开启了中国慈善接续攀登的新时代。

一、新中国成立后的慈善管理起步

新中国成立后，国家面临的是一个经济薄弱、百废待兴的烂摊子。受国力所限，"计划经济时期的社会保障制度是对中国共产党在延安时期各项社会保障制度的继承和进一步发展，该时期确立了中国社会保障制度的总框架体系，颁布实施了一系列社会保障的法律、法规和政策，如军人社会保障、社会救助、社会保险、医疗卫生、农村社会保障等，建立了覆盖全面的、低水平的、与计划经济相适应的社会保障制度"。其最具代表性的政策当属"五保制度"，对于无依无靠、没有劳动能力的农村绝对贫困人口进行吃、穿、住、医、葬的保障兜底。除此之外，国家也在医疗、养老等方面进行了福利制度探索。这个时期，社会福利水平较低、提升缓慢。但是这个社会主义福利制度架构逐步成型的宝贵时期，为后来慈善制度建设提供了借鉴与思路。

1978 年改革开放后，国家开始逐渐为慈善组织正名，慈善事业被作为一股不可或缺的"正能量"开始为社会所接纳并提倡。政府主导成立了一系列慈善组织，如中国儿童少年基金会（1981年）、宋庆龄基金会（1982 年）、中国残疾人福利基金会（1984年）、爱德基金会（1985 年），标志着我国慈善事业在低迷了近四十年后重燃生机。为了支撑日益成熟的慈善行业，国家出台了大量法规制度，截至 2015 年主要的慈善法规制度有《中华人民共和国公益事业捐赠法》《中华人民共和国红十字会法》《社会团体登记管理条例》《民办非企业单位登记管理暂行条例》《基金会管理条例》《中华人民共和国个人所得税法》《中华人民共和国企业所得税法》。除此之外，还有各地方或部门制定的涉及慈善组织或行为的法规和规章。

2016 年，《中华人民共和国慈善法》的颁布实施开启了中国慈善事业发展新时代。尽管它的规定较为宽泛，完全落地尚需配套政策，但总体看还是极大加速了中国慈善事业的历史步伐。

二、当代中国慈善组织管理制度总体构建

在摸着石头过河的探索、修订中，中国慈善组织管理制度虽还不够完善，但体系建设已较为完整。不仅法律位阶梯次明确，呈金字塔形分布；而且制度改革都认真思考了政策落地问题，越来越注重细节化制度设计。自改革开放四十多年来，能够把原有被取缔、被否定的慈善组织管理重启完善至此，实属不易。但慈善新法涉及

甚广，要想真正发挥出其原本之意，还需民政、财税等各部门共同研究、联合互动。如何将慈善组织发展统筹进国家经济社会发展大局，离不开党和国家的顶层设计推动，也需要更多科学有效的制度衔接和工作方式。

（一）基础性法规

新中国慈善事业起步以来，《中华人民共和国红十字会法》《中华人民共和国公益事业捐赠法》都是适应当时形势发展推进的高位阶立法。2016 年，为慈善界期盼已久的《中华人民共和国慈善法》颁布实施，标志着我国慈善组织制度建设跨入新时代。它的颁布，不仅为慈善组织发展提供了有法可依的坚实基础，更是对多年来慈善事业辛勤探索的一种肯定。虽其颁布以来，饱受条文太过原则、配套制度建设不足、与时俱进仍需修缮等问题困扰，修订工作现已启动，但从历史角度看待，它的出现仍是慈善史上里程碑式的事件。

除此之外，《境外非政府组织境内活动管理法》也于 2016 年通过，并于 2017 年实施。其规定："国务院公安部门和省级人民政府公安机关，是境外非政府组织在中国境内开展活动的登记管理机关。国务院有关部门和单位、省级人民政府有关部门和单位，是境外非政府组织在中国境内开展活动的相应业务主管单位。"

（二）管理性法规

我国慈善组织主要有三类登记管理组织形态，即社会团体、民办非企业单位和基金会。管理性法规主要指的是针对以上三种形态制定的三大管理条例，即《社会团体登记管理条例》《民办非企业单位登记管理暂行条例》《基金会管理条例》及其配套文件。管理性法规决定了慈善组织真实的存在状态和作为逻辑，这才是慈善组织管理制度修订改革的关键。慈善法颁布后，针对三大条例的修订合并一直在反复推敲、征求意见，足见国家的重视与谨慎。由于"现行的《社会团体登记管理条例》（2016 年修订）、《民办非企业单位登记管理条例》（1998 年制定）、《基金会管理条例》（2004 年制定）立法层级偏低且较为滞后，与新时代社会组织高质量发展要求不相适应"[1]，目前民政部门正在研究将三类慈善实体进行合并，合称"社会组织"，进行统一规范管理。除了以上三大条例，国家还出台了相关跟进文件，如《慈善组织认定办法》《慈善组织信息公开办法》《国务院关于促进慈善事业健康发展的指导意见》等。

（三）支持性法规

支持性法规主要解决慈善组织的生存运营问题，最重要的法律制度为《中华人民共和国个人所得税法》《中华人民共和国企业所得税法》及其实施条例，其减免税条款乃是慈善组织赖以生存的政策优惠。近年公布的《慈善信托管理办法》可谓是慈善资产经营的重大创举，促进了中国慈善组织的专业化、产业化，并助力其与全球慈善接轨。除此之外，《救灾捐赠管理暂行办法》《扶贫、慈善性捐赠物资免征进口税收暂行办法》《慈善组织公开募捐管理办法》等也是这类重要制度文件。

（四）地方性法规

伴随国家慈善制度的发展步伐，地方慈善制度建设也随之展开。慈善生态基础较好的地方，甚至能够屡屡走在制度创新的最前沿，如深圳市就曾在志愿服务、民间基金公募等方面为全国试水破冰。在慈善法颁布之后，江苏省率先制定了《江苏省慈善事业促进条例》，成为国内首部地方性慈善法规，之后，浙江、安徽、江西、

---

[1]　参见民政部 2020 年 8 月 27 日关于完善社会组织法律体系的提案答复的函（民函〔2020〕615 号）。

陕西、北京等地也相继出台了各自的慈善法规。

三、当代中国慈善组织管理制度主要内容

不同于西方发达国家如美国以税法——尤其是免税优惠和遗产税来规划和调节慈善组织的发展，我国法律倾向于以组织的分类管理来规范慈善组织的发展。由此可以看出我国与西方发达国家在发展慈善组织思路上的差异。我国慈善制度体系主要涵盖以下内容：

（一）慈善的范围

慈善的范围包括扶贫助困、助学助教、医疗救治、灾害赈济、环境保护等。《中华人民共和国慈善法》（2016）规定慈善活动"是指自然人、法人和其他组织以捐赠财产或者提供服务等方式，自愿开展的下列公益活动：（一）扶贫、济困；（二）扶老、救孤、恤病、助残、优抚；（三）救助自然灾害、事故灾难和公共卫生事件等突发事件造成的损害；（四）促进教育、科学、文化、卫生、体育等事业的发展；（五）防治污染和其他公害，保护和改善生态环境；（六）符合本法规定的其他公益活动。"与《中华人民共和国公益事业捐赠法》（1999）及其他法规规定基本一致，划定了慈善组织作为的范围。

（二）赠、受双方的权利义务

赠、受双方的权利义务如规定双方有信守协定的义务、有自始至终知情的权利等。对于这方面的规定散见于各个法律文件之中，其中规定得较为详细的是《中华人民共和国慈善法》（2016）和《中华人民共和国公益事业捐赠法》（1999）。我国慈善法制对于赠、受双方的权利义务规定较为对等，坚持自愿、诚信和尊重他人等原则。

（三）对慈善组织的登记管理

按照慈善组织的不同分类，这方面主要由《社会团体登记管理条例》（2016）、《民办非企业单位登记管理暂行条例》（1998）、《基金会管理条例》（2004）进行规范。同时，其他法律也有一些相关规定。学界对于慈善组织登记管理制度的原则总结如下：一是分级管理原则，即慈善组织只能由自身活动区域的登记、业务主管单位管理，如全国性组织由民政部登记管理，地方性组织则归所在地民政部门登记管理；二是限制分支原则，严格控制慈善组织设立地域性分支机构；三是非竞争原则，即同一区域同一业务领域慈善组织只设立一个。

（四）优惠免税制度

在免税问题的规定上，主要起规范作用的是《中华人民共和国个人所得税法》（2018），规定对教育、扶贫、济困等公益慈善事业进行捐赠，捐赠额未超过纳税人申报的应纳税所得额百分之三十的部分，可以从其应纳税所得额中扣除；《中华人民共和国企业所得税法》（2017）也加大了慈善税收优惠："企业发生的公益性捐赠支出，在年度利润总额12%以内的部分，准予在计算应纳税所得额时扣除；超过年度利润总额12%的部分，准予结转以后三年内在计算应纳税所得额时扣除。"其他法律法规也提到过免税问题，但大多只是指明方向，实际政策的执行依照的仍是这两部税法的具体规定及其配套文件。

四、当代中国慈善管理制度中的权利保障制度援助

我国慈善法规对于各相关方权利保障规定如下：

（一）捐赠者权利的保护

由于慈善是一项自愿奉献性的行为，慈善法律制度首先要保护的应当是捐赠者的合法权利。我国法律赋予了捐赠者如下权利：

1. 了解捐赠财物用途和去向的知情权

捐赠人对于自己捐赠财物的用途应当具有完全的知情权。捐赠人所捐赠的财物的用途应当符合捐赠人的意愿，任何人和组织不得欺瞒、隐藏捐赠的去向。《中华人民共和国慈善法》（2016）第三十一条规定："开展募捐活动，应当尊重和维护募捐对象的合法权益，保障募捐对象的知情权，不得通过虚构事实等方式欺骗、诱导募捐对象实施捐赠。"《中华人民共和国公益事业捐赠法》（1999）第五条规定："捐赠财产的使用应当尊重捐赠人的意愿，符合公益目的，不得将捐赠财产挪作他用。"第十三条规定："捐赠的公益事业工程项目竣工后，受赠单位应当将工程建设、建设资金的使用和工程质量验收情况向捐赠人通报。"这些规定确定了捐赠人的知情权。

实践中知情权受到损害主要表现在两个方面：①知情权的实现存在障碍，"情"不能被正确传输，人们对"情"不知；②知情权被误导、欺骗，主体所了解的"情"不是真"情"而是假"情"，群众为错误、虚假或夸大的信息所误导，导致错误的观点和判断。在社会中，"公民作为社会的成员，有权知道整个社会所发生的、他所感兴趣的问题和情况"，尤其是对于捐赠者而言，其知情权受损会引起其他权利相继被损害的"多米诺骨牌"效应，形成一个侵权链条。知情权被损，马上引起以"知情"为基础的捐赠者选择救助对象、救助时间、捐赠方式、捐赠金额、监督善款落实、询问后续情况等一系列权利的相继受损。捐赠者作为最关心救助事件的人，其知情权更应当得到社会的保护，以便其能够真正行使以知情权为基础的其他权利。

2. 捐赠的权利

捐赠者之所以成为捐赠者，"捐"是其在慈善行为中的核心举动，他具有"捐"的权利。法律规定捐赠者享有捐赠的权利，这一权利包括以下几个方面：

（1）自愿捐赠的权利。《中华人民共和国慈善法》（2016）第三十四条规定："本法所称慈善捐赠，是指自然人、法人和其他组织基于慈善目的，自愿、无偿赠与财产的活动。"《中华人民共和国公益事业捐赠法》（1999）第四条规定："捐赠应当是自愿和无偿的，禁止强行摊派或者变相摊派，不得以捐赠为名从事营利活动。"另外，公民在符合法律和组织要求的情况下，可以自愿参加慈善组织，《中华人民共和国红十字会法》（2017）第三条规定："中华人民共和国公民，不分民族、种族、性别、职业、宗教信仰、教育程度，承认中国红十字会章程并缴纳会费的，可以自愿参加中国红十字会。"捐赠者还可以根据自己的捐赠意愿选择相应的慈善组织进行捐赠。《中华人民共和国公益事业捐赠法》（1999）第九条也指出："自然人、法人或者其他组织可以选择符合其捐赠意愿的公益性社会团体和公益性非营利的事业单位进行捐赠。"

《中华人民共和国公益事业捐赠法》（1999）第二条规定："自然人、法人或者其他组织自愿无偿向依法成立的公益性社会团体和公益性非营利的事业单位捐赠财产。"为了使捐赠合法有序地进行，法律规定捐赠者所捐赠的必须是个人的合法财物，作为补充，《中华人民共和国公益事业捐赠法》（1999）第九条专门指明"捐赠的财产应当是其有权处分的合法财产"。

（2）订立捐赠协议的权利。《中华人民共和国公益事业捐赠法》（1999）第十二条规定："捐赠人可以与受赠人就捐赠财产的种类、质量、数量和用途等内容订立捐赠协议。捐赠人有权决定捐赠的数量、用途和方式。"第十三条规定："捐赠人捐赠财产兴建公益事业工程项目，应当与受赠人订立捐赠协议，对工程项目的资金、建设、管理和使用作出约定。"这对于保障捐赠人的捐赠行为捐赠目的的实现具有重要意义。

3. 监督善款落实的权利

监督权是捐赠者重要的权利之一。正如前文所提到的，知情权受损是慈善界面临的重大问题，它曾引发国内对于慈善组织公信力的质疑与拷问，将它处理好乃是建立良好慈善风气的重中之重。为了保障知情权和其他权利的实现，监督就变成了慈善事业中一个重要的行为。如何保障捐赠人对慈善过程的关注和监督，成为法律不能忽略的重要问题。《中华人民共和国慈善法》（2016）第九十二条规定："县级以上人民政府民政部门应当依法履行职责，对慈善活动进行监督检查，对慈善行业组织进行指导。"《中华人民共和国公益事业捐赠法》（1999）以大量的篇幅在此方面做出规定，如规定"捐赠财产的使用应当尊重捐赠人的意愿，符合公益目的，不得将捐赠财产挪作他用"（第五条）；"受赠人与捐赠人订立了捐赠协议的，应当按照协议约定的用途使用捐赠财产，不得擅自改变捐赠财产的用途。如果确需改变用途的，应当征得捐赠人的同意"（第十八条）；"受赠人应当依照国家有关规定，建立健全财务会计制度和受赠财产的使用制度，加强对受赠财产的管理"（第十九条）；"捐赠人有权向受赠人查询捐赠财产的使用、管理情况，并提出意见和建议。对于捐赠人的查询，受赠人应当如实答复"（第二十一条）。除此之外，《中华人民共和国红十字会法》（2017）在修订后也强化了监督制度。

4. 享有优惠和荣誉的权利

捐赠人的慈善捐赠因其公益性特点，为社会发展做出了重大贡献，国家为了保证慈善捐赠的健康发展，鼓励捐赠人为社会公益活动做出的贡献，特予捐赠人一定的优惠，并同时赋予其一定的社会荣誉。

捐赠人这方面的权利包括：

（1）享有优惠的权利。优惠政策是国家调控慈善发展的重要制度内容。在国外，慈善法律对于慈善捐赠人享有优惠尤其是免税待遇格外看重，而在中国，以往由于经济学考量的缺乏，学界和社会反而并不很注重对这个问题的研究。随着近些年来我们的慈善发展与国外接轨，法律在这方面已有所重视。目前，我国的企业免税优惠政策基本与国外接轨。《中华人民共和国企业所得税法》（2017）第九条规定："企业发生的公益性捐赠支出，在年度利润总额12％以内的部分，准予在计算应纳税所得额时扣除；超过年度利润总额12％的部分，准予结转以后三年内在计算应纳税所得额时扣除。"这基本概括了我国对企业捐赠的优惠情况。在个人优惠方面，《中华人民共和国个人所得税法》（2018）第六条规定："个人将其所得对教育、扶贫、济困等公益慈善事业进行捐赠，捐赠额未超过纳税人申报的应纳税所得额百分之三十的部分，可以从其应纳税所得额中扣除；国务院规定对公益慈善事业捐赠实行全额税前扣除的，从其规定。"此外《中华人民共和国个人所得税法实施条例》（2005）第二十四条规定："税法第六条第二款所说的个人将其所得对教育事业和其他公益事业的捐赠，是指个人将其所得通过中国境内的社会团体、国家机关向教育和其他社会公益事业以及遭受严重自然灾害地区、贫困地区的捐赠。"这基本道出了我国对个人慈善捐赠的优惠程度，但这样的规定明显太过粗糙，还应当进行进一步细化和规范。

除此之外，对于境外而来的慈善捐赠，我国政府也专门给予了减免关税的优惠待遇。《中华人民共和国公益事业捐赠法》（1999）第二十六条规定："境外向公益性社会团体和公益性非营利的事业单位捐赠的用于公益事业的物资，依照法律、行政法规的规定减征或者免征进口关税和进口环节的增值税。"对于红十字会的人道主义救援活动，法律给予其在人员、物资和交通等各个方面全方位的优先权利。

（2）享有荣誉的权利。作为慈善事业的贡献者，捐赠人为繁荣社会和帮助他人都做出了重大贡献，理应受到社会的尊重，也有权获得相应的优惠和荣誉。《中华人民共和国公益事业捐赠法》（1999）第八条规定："国家鼓励自然人、法人或者其他组织对公益事业进行捐赠。对公益事业捐赠有突出贡献的自然人、法人或者其他组织，由人民政府或者有关部门予以表彰。"而且为了保证这种表彰符合捐赠人本身的意愿，法律同时规定"对捐赠人进行公开表彰，应当事先征求捐赠人的意见"。法律还规定准予捐赠人申请具有纪念意义的留名纪念，《中华人民共和国公益事业捐赠法》（1999）第十四条规定："捐赠人对于捐赠的公益事业工程项目可以留名纪念；捐赠人单独捐赠的工程项目或者主要由捐赠人出资兴建的工程项目，可以由捐赠人提出工程项目的名称，报县级以上人民政府批准。"

（二）受赠者权利的保护

捐赠者拥有自身的权利，同样地，受赠者也拥有合法的权利。法律在通过各种规定充分保障了捐赠者不可侵犯的权利的同时也考虑到了受赠者权利的保障问题。因为，一旦慈善组织出现了异变，受害者既可能是捐赠者，也可能是受赠者。唯有二者的权利都得到充分的保障，慈善捐赠才能顺畅地进行。

受赠者的权利保护包括：

1. 获得救济的权利

宪法和法律规定了人们拥有获得社会救济的权利。我国宪法规定"国家尊重和保障人权"（第三十三条），"中华人民共和国公民在年老、疾病或者丧失劳动能力的情况下，有从国家和社会获得物质帮助的权利。国家发展为公民享受这些权利所需要的社会保险、社会救济和医疗卫生事业"（第四十五条）。具体到慈善组织的救助对象受赠人，从《中华人民共和国公益事业捐赠法》（1999）规定的公益事业的范围可知，慈善受赠者的权利主要是指其享有接受扶困救助、教育救助、良好的公共设施和进步的福利条件的权利。并且，任何人或组织不得以受赠为理由对受赠人的合法权利进行侵犯或损害，《中华人民共和国公益事业捐赠法》第六条规定："捐赠应当遵守法律、法规，不得违背社会公德，不得损害公共利益和其他公民的合法权益。"这一点正是法律对于慈善行为单向性的严格把握，防止有人利用慈善捐赠对受赠人施加物质或精神压力，影响他们的行为判断和价值取向，以达到自己的目的。

需要说明的是，社会成员获得救济的权利是平等的。慈善组织的救济活动必须公正严明，不能偏私废公。不允许出现有些成员利用不正当手段（如贿赂、欺骗、自我炒作等）抢先于与其条件相等的成员取得救济的情况。因为对于那些得到救助在后的成员而言，其权利会因此受到损害。他们与抢先者同样需要救助甚至更为迫切，但由于抢先者用不当的手段把资源和注意力都吸引到自己的身上，结果导致他们在享有社会救济资源方面处在了不平等的地位，在人们的视野范围中被不公平地后置，严重破坏了整个救助体系的平等原则。我们应当坚决杜绝和防治此类现象，以免浊化国内的慈善捐赠氛围。

2. 自由处置捐赠的权利

对于所接受的捐赠物品，受赠人在符合慈善精神的前提下可以自由进行支配。尤其是当捐赠物在储存和保值上有难度的时候，受赠人可以灵活处理所接受的捐赠。《中华人民共和国公益事业捐赠法》（1999）第十七条规定："对于不易储存、运输和超过实际需要的受赠财产，受赠人可以变卖，所取得的全部收入，应当用于捐赠目的。"当然，受赠者的这种权利实现的前提是该处理方式是符合慈善精神的，既没有违背法律制度的规定，也没有违反双方之间的约定，能够做到"合情合理"。如果受赠者欺瞒捐赠人和慈善组织，将所受捐赠转移到与慈善救助无关的领域中去，这样的情况就不能再算作是"自由处置"了，而可能涉嫌骗捐或诈骗行为。例如，北大研究生退学事件。北京大学有一名家境贫寒的研究生，为筹学费曾一度上街当起了临时搬运工。此事被报道后，爱心人士送来了数万元的捐款，其中也包括一位在万州经营玻璃生意的李老板所捐助的 2 000 元。他一路支持这名学子，后陆续提供给他 4 万多元。但未料该生中途退学并用退学所得的 2 万元学费开始经商，开办了一家科技公司。由于退学学生从没有把这个决定告诉资助者，所以资助者在知道此事后觉得自己受到了欺骗，于是一纸诉状将其告上了法庭。结果一段爱心助学的佳话最终变成了一场对簿公堂的尴尬。相似的还有，2007年母亲节，奥一网网友为身患脑瘤的女孩小娟筹集治病的捐款，双方口头协议，如果女孩手术后善款仍有剩余，就将余款转捐给其他需要帮助的人，结果女孩在手术成功后带上余款回了老家，导致女孩和网友之间爆发了一次严重的争执——女孩认为，自己仍需要这些善款的帮助，带走善款属于正当行为；而网友则认为既然手术成功了，剩余善款就应当贡献出来再帮助那些更需要的人。① 在这些事件中，用于帮助研究生上学和女孩治病的费用属于尊重和维护了捐赠者的意愿，而没有用于这些用途和被带走的那些善款，则明显违背了捐赠者的捐赠初衷、双方的协定以及慈善救助的精神，属于受赠者使用不当，而不能属于"自由处置"。

（三）其他相关规定

除了上述明确地对慈善行为捐、受双方的合法权利的规范与保障，我国法律还规定了一些相关的权利保障的配套措施，从其他方面为慈善组织的健康发展，慈善捐、受双方正当权利的全面保障做出了规定。这些规定虽然没有用于直接规范某一具体权利的保障问题，但是对于慈善行为中的人权保障仍具有重要的现实作用，是法律对慈善行为善意和必要的保护措施。

1. 对于慈善组织的保护和优惠

慈善组织由于其对社会慈善公益事业的贡献，和其在塑造关爱互助的社会风气、营造和谐美好的社会氛围中的作用，理应得到社会和公众的尊重与保护。法律在为慈善组织制定了一系列保护制度之后，也为其提供了一些相应的优惠政策，为的就是保障慈善组织的发展与壮大，使其为社会发展做出更多的贡献。这些保护与优惠措施包括：

---

① 根据《南方都市报》张璟对于受助者带走治病余款事件及相关报道整理。

（1）财产保护。组织财产通常由创始资产和社会捐赠聚集而来，故而神圣不可侵犯。法律对于组织财产的保护，主要有以下几点。《中华人民共和国公益事业捐赠法》（1999）第七条规定："公益性社会团体受赠的财产及其增值为社会公共财产，受国家法律保护，任何单位和个人不得侵占、挪用和损毁。"红十字会法也专门对红会的财产保护做出了说明，《中华人民共和国红十字会法》（2017）第二十五条规定："任何组织和个人不得私分、挪用、截留或者侵占红十字会的财产。"此外，对于资产较为集中的基金会，《基金会管理条例》（2004）第二十七条也规定："基金会的财产及其他收入受法律保护，任何单位和个人不得私分、侵占、挪用。"

（2）依法募捐的权利保护。慈善组织可以根据自身情况通过合法手段面对社会进行募捐，其依法募捐的权利受到法律的保护。《中华人民共和国慈善法》（2016）第二十二条规定："依法登记满二年的慈善组织，可以向其登记的民政部门申请公开募捐资格。"《中华人民共和国公益事业捐赠法》（1999）第十条规定："公益性社会团体和公益性非营利的事业单位可以依照本法接受捐赠。本法所称公益性社会团体是指依法成立的，以发展公益事业为宗旨的基金会、慈善组织等社会团体。"

（3）优先权利。由于救助事业的需要，为了保证人道主义救援的通畅进行，法律赋予了慈善组织一定的优先权，这一点在红十字会身上体现得尤为明显。

2. 国家监督

为了加强慈善行为中的人权保障，法律规定国家可以且应当对慈善组织和慈善行为进行监督和审查，体现我国慈善组织工作"培育发展和管理监督并重"的工作原则。《中华人民共和国慈善法》（2016）第九十三条规定：县级以上人民政府民政部门对涉嫌违反本法规定的慈善组织，有权采取监督检查措施。《中华人民共和国公益事业捐赠法》（1999）第二十条规定："受赠人每年度应当向政府有关部门报告受赠财产的使用、管理情况，接受监督。必要时，政府有关部门可以对其财务进行审计。海关对减免关税的捐赠物品依法实施监督和管理。县级以上人民政府侨务部门可以参与对华侨向境内捐赠财产使用与管理的监督。"同时，该法还规定政府可以惩戒慈善事业中的违法行为，第二十八条规定："受赠人未征得捐赠人的许可，擅自改变捐赠财产的性质、用途的，由县级以上人民政府有关部门责令改正，给予警告。拒不改正的，经征求捐赠人的意见，由县级以上人民政府将捐赠财产交由与其宗旨相同或者相似的公益性社会团体或者公益性非营利的事业单位管理。"

3. 国家避嫌规定

为了促进慈善组织良好的发展，保障其民间性和独立性，法律在规定了政府监督职责的同时还规定了国家在慈善事业发展中的避嫌措施。《中华人民共和国公益事业捐赠法》（1999）第十一条规定："县级以上人民政府及其部门可以将受赠财产转交公益性社会团体或者公益性非营利的事业单位；也可以按照捐赠人的意愿分发或者兴办公益事业，但是不得以本机关为受益对象。"公务人员退出慈善组织管理、任职已成趋势。《基金会管理条例》（2004）第二十三条规定："基金会理事长、副理事长和秘书长不得由现职国家工作人员兼任。"目前，在国家避嫌的诸多规定中，提到最多的是慈善组织与政府领导人身份交叉的问题。对于政府官员出任慈善组织的领导人或重要职位，国家法律持反对态度。但由于现实情况复杂多样，在该规定的执行上争议很大，很多地区并不十分赞同公职人员不能担任组织领导职务的提法，反而认为这样更有助于慈善组织对于社会资源的争取。但就长远而言，这样的做法还是破坏了慈善组织行为和发展的独立性，会导致其对政府力量的依赖越来越重，甚至变成"第二政府"。因此，我们仍应当严格遵守国家避嫌的法律规定，避免公职人员出任慈善组织的核心角色。

第五章　慈善产业化与第三次分配

党的第十九届中央委员会第四次全体会议提出"重视发挥第三次分配作用，发展慈善等社会公益事业"，二十大报告继而提出"分配制度是促进共同富裕的基础性制度。坚持按劳分配为主体、多种分配方式并存，构建初次分配、再分配、第三次分配协调配套的制度体系"。可见，慈善发展和第三次分配的政策重要性，正随时代进步日渐突显。

第三次分配首先是由厉以宁先生在《股份制与现代市场经济》一书中提出，定义为"在道德力量作用之下的收入分配，与个人的信念，社会责任心或对某种事业的感情有关，基本上不涉及政府的调节行为，也与政府的强制无关"。值得一提的是，在这本书中，除了家乡建设、救灾、文化、教育、卫生等各类社会捐赠，党费捐赠也被认为是第三次分配的一种形式。王名等学者梳理了第三次分配写入国家大政方针的理论脉络，发现大致分为四个阶段：第一阶段是 20 世纪 90 年代初，概念初步提出，当时只被厉以宁等少数学者提及；第二阶段大致从 2005 年至 2009 年初，概念逐渐热门，并以"和谐社会""共同富裕"为主要背景；第三阶段是从 2009 年至 2013 年，以"公益慈善"本身及相应的财税、组织管理政策探讨为主；第四阶段是 2013 年以后"第三次分配"概念讨论减少，直至十九届四中全会再次明确出现在党的重要文献之中。

随着"第三次分配"概念不断发展，直至目前党和国家明确提出"构建初次分配、再分配、第三次分配协调配套的制度体系"，慈善产业化的可能性已呼之欲出。慈善事业只有走向产业化，才能为实现共同富裕目标任务贡献力量，才能达到理念、实体同发展，产业、就业双促进的理想状态。

一、新时代慈善事业的定位问题

（一）第三次分配与第一次、第二次分配的关系

简单说，第一次分配靠市场，第二次分配靠政府，第三次分配靠社会。第三次分配应该用于补充第一次、第二次分配的不足与缺陷，而不能越俎代庖、无序发展。国家基本的经济发展与社会保障，始终要依靠第一次、第二次分配去完成。第一次分配事关国民经济运行和国民就业，其稳定通畅直接关乎国家经济命脉。第二次分配与国家福利制度密切关联，向来是各国政府致力于研究构建的政策体系。无论从资源、能力还是人力方面，第三次分配都不能承担前两次分配的功能作用，否则会给国民经济和政治稳定带来大量不确定因素。

因此，第三次分配和慈善产业化要有一个正确的自我定位。新时代的第三次分配，比起 20 世纪 90 年代刚提出时已有长足进步，内涵外延都有与时俱进的演变，但其定位和功能与过去基本一致。由于改革开放后我国经济的持续高速发展，市场经济体制建设成果喜人，社会财富积累不断上升，为下一步慈善走向产业化创造了十分有利的条件。中国社会公益力量的能量，我们可以通过打赢脱贫攻坚战窥见一斑。在打赢脱贫攻坚战的 8 年中，"东部 9 省份共向扶贫协作地区投入财政援助和社会帮扶资金 1 005 亿多元，东部地区企业赴扶贫协作地区累计投资 1 万多亿元"，"各行各业发挥专业优势，开展产业扶贫、科技扶贫、教育扶贫、文化扶贫、健康扶贫、消费扶贫。民营企业、社会组织和公民个人热情参与，'万企帮万村'行动蓬勃开展。千千万万的扶贫善举彰显了社会大爱，汇

聚起排山倒海的磅礴力量"。① 这样的社会动员规模足以说明，中国慈善完全可以脱开那种应付突发困难零敲碎打筹集资金的活动模式，而逐步走向专业化、产业化道路，急国家之所急，解群众之所盼，发展起来独当一面。

（二）慈善组织经济学意义的挖掘创新

我国慈善组织现处于发展上升期，数量不断增加，活动持续活跃。广大慈善组织，尤其是准入门槛并不高的中小型慈善组织，在国家经济发展中可以起到类似中小企业的经济主体作用。这种相似性和发展潜力，是国民经济发展的新增长点。中共中央办公厅、国务院办公厅印发的《关于促进中小企业健康发展的指导意见》讲道："中小企业是国民经济和社会发展的生力军，是扩大就业、改善民生、促进创业创新的重要力量，在稳增长、促改革、调结构、惠民生、防风险中发挥着重要作用。"较好概括了我国中小企业在国民经济发展中的重要性。同样的逻辑，慈善组织也可以作为一种新型经济主体来看待，不但能够用以开创新兴慈善产业，而且可以同时带动社会就业，其产出又是社会公益价值产品，确实是一种"一蟹两吃"的创新产业。

二、慈善产业化政策建议

慈善事业和慈善组织产业化将为第三部门带来飞跃，为了促进慈善产业化良性发展，我们可以尝试从以下角度完善政策措施。

（一）建设新型慈善机构

我国慈善组织管理政策，亟须厘清第三部门的功能和定位问

---

① 引自习近平总书记《在全国脱贫攻坚总结表彰大会上的讲话》（2021 年 2 月 25 日）。

题。慈善应属第三部门范畴，倒向第一、第二部门都会产生组织异变，引发社会问题。通过国家管控、社会监督和自身完善，目前慈善组织倒向第二部门贪图牟利的可能性越来越小，更大的难点在于是否能够正确定位其与政府之间的关系。一方面，如果政府将慈善组织看成准政府组织，则无论对其产生的是排斥情绪还是过度期望，都难以良好发挥慈善组织的社会公益作用；另一方面，如果慈善组织带有某种对标政府、追求等次的行政化偏好，也不利于其压实作风、下沉基层、聚焦民生、切实推动社会发展。慈善产业化要求慈善组织能够担负起主体责任。产业化不等于简单的数量增加，对于慈善组织的考核标准，应该更注重考察组织的架构、能力、社会影响等方面。它们比企业享受了更多的税收优惠，也应该接受更多的社会监督。

（二）完善慈善经济性制度支持

产业化发展可以有效规避慈善组织向第一、第二部门倾倒异变。如果能够把第三部门作为一种产业发展壮大，那么这一产业既能吸纳各层级种类的劳动力创造大量就业机会，又能借助慈善产业成果产出，不断满足人民日益增长的美好生活需要和不平衡不充分的发展之间的矛盾，解决社会急难愁盼实际问题。以"营利生存"为目的的中小企业因其形式灵活、促进就业都可受到国家支持，对于产出更具公益性的慈善组织，我们更应该予以支持肯定。

为此，应当大力完善慈善经济性制度支持。纵观西方发达国家亦是如此：美国仅仅靠慈善税法和公众监督就可以建立分布广泛、富有活力的第三部门体系，很大程度是因为其将慈善看做一个产业，将慈善从业者看作普通就业人员，将第三部门视为经济发展组成部分。《中共中央关于制定国民经济和社会发展第十四个五年规划和二〇三五年远景目标的建议》指出，当前和今后一个时期，我国发展仍然处于重要战略机遇期，但机遇和挑战都有新的发展变化。当今世界正经历百年未有之大变局，要加快建设现代化经济体系，加快构建以国内大循环为主体、国内国际双循环相互促进的新发展格局。新时代鼓励慈善组织加入"促进国内国际双循环"，尤其是"畅通国内大循环"的过程。要给予慈善组织真正需要的经济制度支持，最主要的就是继续推进现有慈善法律税收优惠的落地衔接措施。

（三）关注急难愁盼的社会服务业务

我国正处于新的转型时期，社会公认我们正处于增长速度换挡期、结构调整阵痛期、前期刺激政策消化期"三期叠加"时期。对于社会上所出现的阶段性问题、急难愁盼问题，慈善组织要开拓创新、予以襄助。比如说眼下迫在眉睫的老龄化问题。银龄人口井喷之时，慈善组织恰恰可以利用自身的公益性、灵活性及时动员社会资源，承担化解国家养老阶段性压力。再比如说科技创新正显现出前所未有的重要性。有学者指出：科学慈善事业虽然在学术界着墨不多，但在美国科教发展的历史上发挥了并继续发挥着独特的、无可替代的重要作用。美国科学慈善基金主要来源于专业的基金会和慈善家个人，资助那些对政府来说风险过高、争议过大的科研项目，包括生命健康和卫生医药以及环保、物理、海洋等，其最大特点之一在于比联邦资助更自由。据 2015 年数据统计，美国响应比尔·盖茨和沃伦·巴菲特"裸捐"号召的 127 名亿万富翁中，近40％的人计划捐资于科学、健康和环境事业。我国慈善组织是否可以介入公益科技类新产业、新业态的孵化，定义出更多的"慈善＋"可能性，都非常值得探讨。

（四）继续提升慈善组织专业化水平

现代管理之父彼得·德鲁克曾经说过，拿破仑有言发动战争需要具备三个条件：第一个是资金，第二个是资金，第三个还是资金。对于战争而言这可能正确，但对于非营利组织而言则并非如此。非营利组织需要具备四个条件：计划、营销、人才和资金。我国社会经济迅速发展对慈善组织的专业化要求势必越来越高，不能以发挥余热、临时过渡的这些老旧思维来组建慈善团队。业界专家评论，知识产权、股权、技术、证券等新概念的引入大大加强了慈善组织从业的技术含量，都需要依靠不同类型专业人才去推动实现。未来慈善组织的发展，需要的是一个专业稳定、资质规范、结构合理的职业化从业群体。

（五）更具国际化发展视野

全球化趋势下，慈善组织是各个国家开展外事交流合作的重要窗口。尤其自"一带一路"倡议提出以来，我国对外经济人文交流合作蓬勃发展。中国慈善组织也应顺势而为，锻炼与国际社会交流合作的能力，除了传统的"请进来"，还可以"走出去"，为其他发展中国家在减贫、基建、教育、医疗等方面提供中国方案，为服务国际发展和促进中外友谊做出贡献。

三、公益领域产业化经验

整个公益领域已有许多成功的产业化经验，其发挥作用的理念和方式均可为慈善产业化提供借鉴。

（一）公益性岗位就业

《中华人民共和国就业促进法》（2015）第五十二条规定："各级人民政府建立健全就业援助制度，采取税费减免、贷款贴息、社会保险补贴、岗位补贴等办法，通过公益性岗位安置等途径，对就业困难人员实行优先扶持和重点帮助。"公益性岗位涉及广泛，覆盖保安、巡防、食堂、保洁、绿化、停车、乡村管理等社会生活的各个方面，其中比较具有代表性的如生态公益岗。

生态公益岗的创新经验

生态公益岗是生态扶贫中的一项重要政策和实践创新。习近平总书记就设立生态公益岗位推动脱贫攻坚作出多次重要批示，中央多个部委出台文件明确了生态公益岗位的设立原则、方向和发展目标，一些省份就生态公益岗设置出台了具体管理办法并进行了有益的创新探索。2016 年，国家林业局会同财政部、国务院扶贫开发领导小组办公室开展了选聘建档立卡贫困人口担任生态护林员扶贫工作，当年安排中央投资 20 亿元。生态公益岗位补助标准高于脱贫标准。这一制度设计为正在决战决胜脱贫攻坚的贫困地区摆脱贫困提供了有效手段，将当地贫困群众从面对穷山恶水、被动靠天吃饭中解脱出来。贫困户既能通过生态扶贫获得补助性收入，其劳动成果又能反哺当地的恶劣生态环境，改善生存生活条件。

——根据俞海等 2019 年《生态公益岗实现生态保护与精准扶贫双赢》一文整理编写。

公益性岗位设置对于慈善产业化具有许多启发意义。拓展开来看，慈善组织从业人员也可以说是在从事公益性岗位。当然，国家未必一定要增加硬性投入来扩大慈善经营就业规模，但可以参考公益性岗位政策逻辑给予慈善组织一些资源和鼓励。

（二）农村扶贫开发中的产业扶贫

2021 年初，中国向世界宣布我国脱贫攻坚战取得了全面胜利，现行标准下 9 899 万农村贫困人口全部脱贫，832 个贫困县全部"摘帽"，12.8 万个贫困村全部出列，区域性整体贫困得到解决，完成了消除绝对贫困的艰巨任务。在万众瞩目的脱贫攻坚战所提出的"五个一批"中，第一个就是"发展生产脱贫一批"。而且，在接下来要接续全面推进的乡村振兴战略中，产业振兴仍是重中之重。

产业扶贫在中国农村扶贫开发事业中成果突出、形式多样、经验丰富。如以龙头企业为主导的产业扶贫，很多基层政府都倡导"企业＋合作社＋农户"模式，大大提升了农业产业的生产力和市场竞争力。再如旅游扶贫，通过乡村文旅融合，打开了地区发展的新路子，不但改善涵养了生态环境，还带动了当地的民宿、餐饮甚至文旅派生产品的发展。这些成功经验，同样值得慈善产业关注借鉴。

广西岔山乡村旅游扶贫产业

岔山村是位于广西壮族自治区贺州市富川瑶族自治县的一个古老村落，在党和国家的富民政策指引下，岔山村以社会主义新农村建设为契机，坚持科学发展理念，不断加大农业产业结构调整力度，大力发展水果蔬菜种植、餐饮、乡村旅游等产业，积极打造乡村旅游区，乡村经济有了较快发展。实现了景区一个月游客破万人，甚至年游客超 20 万人的旅游业绩。

——根据贺州先锋党建网 2020 年相关报道整理。

（三）康养产业发展

为应对老龄化社会的到来，我国正在探索从国家到地方、从宏观到微观的新型康养产业，目前看来具有巨大发展潜力。《中国康养产业发展报告（2021）》公布，从全国康养百强县层面看，目前康养产业发展较成熟的是华东地区、华南地区和西南地区，三地康养强县在百强中的占比分别为 29%、18% 和 29%，共占 76%。因为及时关注社会需求，康养企业应运而生，产业化进程迅速推进。除了老龄化，中国社会亟待解决的公益需求还有很多，其中一些是可以由慈善产业化来疏导解决的。而慈善组织也应该主动站向时代的风口，为促进社会公益、助力共同富裕贡献力量。

附录　中华人民共和国慈善法

（2016 年 3 月 16 日第十二届全国
人民代表大会第四次会议通过）

目　录

第一章　总　　则

第一条　为了发展慈善事业，弘扬慈善文化，规范慈善活动，保护慈善组织、捐赠人、志愿者、受益人等慈善活动参与者的合法权益，促进社会进步，共享发展成果，制定本法。

第二条　自然人、法人和其他组织开展慈善活动以及与慈善有关的活动，适用本法。其他法律有特别规定的，依照其规定。

第三条　本法所称慈善活动，是指自然人、法人和其他组织以捐赠财产或者提供服务等方式，自愿开展的下列公益活动：

（一）扶贫、济困；

（二）扶老、救孤、恤病、助残、优抚；

（三）救助自然灾害、事故灾难和公共卫生事件等突发事件造成的损害；

（四）促进教育、科学、文化、卫生、体育等事业的发展；

（五）防治污染和其他公害，保护和改善生态环境；

（六）符合本法规定的其他公益活动。

第四条　开展慈善活动，应当遵循合法、自愿、诚信、非营利的原则，不得违背社会公德，不得危害国家安全、损害社会公共利益和他人合法权益。

第五条　国家鼓励和支持自然人、法人和其他组织践行社会主义核心价值观，弘扬中华民族传统美德，依法开展慈善活动。

第六条　国务院民政部门主管全国慈善工作，县级以上地方各级人民政府民政部门主管本行政区域内的慈善工作；县级以上人民政府有关部门依照本法和其他有关法律法规，在各自的职责范围内做好相关工作。

第七条　每年9月5日为"中华慈善日"。

第二章　慈善组织

第八条　本法所称慈善组织，是指依法成立、符合本法规定，以面向社会开展慈善活动为宗旨的非营利性组织。

慈善组织可以采取基金会、社会团体、社会服务机构等组织形式。

第九条　慈善组织应当符合下列条件：

（一）以开展慈善活动为宗旨；

（二）不以营利为目的；

（三）有自己的名称和住所；

（四）有组织章程；

（五）有必要的财产；

（六）有符合条件的组织机构和负责人；

（七）法律、行政法规规定的其他条件。

第十条　设立慈善组织，应当向县级以上人民政府民政部门申请登记，民政部门应当自受理申请之日起三十日内作出决定。符合本法规定条件的，准予登记并向社会公告；不符合本法规定条件的，不予登记并书面说明理由。

本法公布前已经设立的基金会、社会团体、社会服务机构等非营利性组织，可以向其登记的民政部门申请认定为慈善组织，民政部门应当自受理申请之日起二十日内作出决定。符合慈善组织条件的，予以认定并向社会公告；不符合慈善组织条件的，不予认定并书面说明理由。

有特殊情况需要延长登记或者认定期限的，报经国务院民政部门批准，可以适当延长，但延长的期限不得超过六十日。

第十一条　慈善组织的章程，应当符合法律法规的规定，并载明下列事项：

（一）名称和住所；

（二）组织形式；

（三）宗旨和活动范围；

（四）财产来源及构成；

（五）决策、执行机构的组成及职责；

（六）内部监督机制；

（七）财产管理使用制度；

（八）项目管理制度；

（九）终止情形及终止后的清算办法；

（十）其他重要事项。

第十二条　慈善组织应当根据法律法规以及章程的规定，建立健全内部治理结构，明确决策、执行、监督等方面的职责权限，开展慈善活动。

慈善组织应当执行国家统一的会计制度，依法进行会计核算，建立健全会计监督制度，并接受政府有关部门的监督管理。

第十三条　慈善组织应当每年向其登记的民政部门报送年度工作报告和财务会计报告。报告应当包括年度开展募捐和接受捐赠情况、慈善财产的管理使用情况、慈善项目实施情况以及慈善组织工作人员的工资福利情况。

第十四条　慈善组织的发起人、主要捐赠人以及管理人员，不得利用其关联关系损害慈善组织、受益人的利益和社会公共利益。

慈善组织的发起人、主要捐赠人以及管理人员与慈善组织发生交易行为的，不得参与慈善组织有关该交易行为的决策，有关交易情况应当向社会公开。

第十五条　慈善组织不得从事、资助危害国家安全和社会公共利益的活动，不得接受附加违反法律法规和违背社会公德条件的捐赠，不得对受益人附加违反法律法规和违背社会公德的条件。

第十六条　有下列情形之一的，不得担任慈善组织的负责人：

（一）无民事行为能力或者限制民事行为能力的；

（二）因故意犯罪被判处刑罚，自刑罚执行完毕之日起未逾五年的；

（三）在被吊销登记证书或者被取缔的组织担任负责人，自该组织被吊销登记证书或者被取缔之日起未逾五年的；

（四）法律、行政法规规定的其他情形。

第十七条　慈善组织有下列情形之一的，应当终止：

（一）出现章程规定的终止情形的；

（二）因分立、合并需要终止的；

（三）连续二年未从事慈善活动的；

（四）依法被撤销登记或者吊销登记证书的；

（五）法律、行政法规规定应当终止的其他情形。

第十八条　慈善组织终止，应当进行清算。

慈善组织的决策机构应当在本法第十七条规定的终止情形出现之日起三十日内成立清算组进行清算，并向社会公告。不成立清算组或者清算组不履行职责的，民政部门可以申请人民法院指定有关人员组成清算组进行清算。

慈善组织清算后的剩余财产，应当按照慈善组织章程的规定转给宗旨相同或者相近的慈善组织；章程未规定的，由民政部门主持转给宗旨相同或者相近的慈善组织，并向社会公告。

慈善组织清算结束后，应当向其登记的民政部门办理注销登记，并由民政部门向社会公告。

第十九条　慈善组织依法成立行业组织。

慈善行业组织应当反映行业诉求，推动行业交流，提高慈善行业公信力，促进慈善事业发展。

第二十条　慈善组织的组织形式、登记管理的具体办法由国务院制定。

第三章　慈善募捐

第二十一条　本法所称慈善募捐，是指慈善组织基于慈善宗旨募集财产的活动。

慈善募捐，包括面向社会公众的公开募捐和面向特定对象的定向募捐。

第二十二条　慈善组织开展公开募捐，应当取得公开募捐资格。依法登记满二年的慈善组织，可以向其登记的民政部门申请公开募捐资格。民政部门应当自受理申请之日起二十日内作出决定。慈善组织符合内部治理结构健全、运作规范的条件的，发给公开募捐资格证书；不符合条件的，不发给公开募捐资格证书并书面说明理由。

法律、行政法规规定自登记之日起可以公开募捐的基金会和社会团体，由民政部门直接发给公开募捐资格证书。

第二十三条　开展公开募捐，可以采取下列方式：

（一）在公共场所设置募捐箱；

（二）举办面向社会公众的义演、义赛、义卖、义展、义拍、慈善晚会等；

（三）通过广播、电视、报刊、互联网等媒体发布募捐信息；

（四）其他公开募捐方式。

慈善组织采取前款第一项、第二项规定的方式开展公开募捐的，应当在其登记的民政部门管辖区域内进行，确有必要在其登记的民政部门管辖区域外进行的，应当报其开展募捐活动所在地的县级以上人民政府民政部门备案。捐赠人的捐赠行为不受地域限制。

慈善组织通过互联网开展公开募捐的，应当在国务院民政部门统一或者指定的慈善信息平台发布募捐信息，并可以同时在其网站发布募捐信息。

第二十四条　开展公开募捐，应当制定募捐方案。募捐方案包括募捐目的、起止时间和地域、活动负责人姓名和办公地址、接受捐赠方式、银行账户、受益人、募得款物用途、募捐成本、剩余财产的处理等。

募捐方案应当在开展募捐活动前报慈善组织登记的民政部门备案。

第二十五条　开展公开募捐，应当在募捐活动现场或者募捐活动载体的显著位置，公布募捐组织名称、公开募捐资格证书、募捐方案、联系方式、募捐信息查询方法等。

第二十六条 不具有公开募捐资格的组织或者个人基于慈善目的，可以与具有公开募捐资格的慈善组织合作，由该慈善组织开展公开募捐并管理募得款物。

第二十七条 广播、电视、报刊以及网络服务提供者、电信运营商，应当对利用其平台开展公开募捐的慈善组织的登记证书、公开募捐资格证书进行验证。

第二十八条 慈善组织自登记之日起可以开展定向募捐。

慈善组织开展定向募捐，应当在发起人、理事会成员和会员等特定对象的范围内进行，并向募捐对象说明募捐目的、募得款物用途等事项。

第二十九条 开展定向募捐，不得采取或者变相采取本法第二十三条规定的方式。

第三十条 发生重大自然灾害、事故灾难和公共卫生事件等突发事件，需要迅速开展救助时，有关人民政府应当建立协调机制，提供需求信息，及时有序引导开展募捐和救助活动。

第三十一条 开展募捐活动，应当尊重和维护募捐对象的合法权益，保障募捐对象的知情权，不得通过虚构事实等方式欺骗、诱导募捐对象实施捐赠。

第三十二条 开展募捐活动，不得摊派或者变相摊派，不得妨碍公共秩序、企业生产经营和居民生活。

第三十三条 禁止任何组织或者个人假借慈善名义或者假冒慈善组织开展募捐活动，骗取财产。

第四章 慈善捐赠

第三十四条 本法所称慈善捐赠，是指自然人、法人和其他组织基于慈善目的，自愿、无偿赠与财产的活动。

第三十五条 捐赠人可以通过慈善组织捐赠，也可以直接向受益人捐赠。

第三十六条 捐赠人捐赠的财产应当是其有权处分的合法财产。捐赠财产包括货币、实物、房屋、有价证券、股权、知识产权等有形和无形财产。

捐赠人捐赠的实物应当具有使用价值，符合安全、卫生、环保等标准。

捐赠人捐赠本企业产品的，应当依法承担产品质量责任和义务。

第三十七条 自然人、法人和其他组织开展演出、比赛、销售、拍卖等经营性活动，承诺将全部或者部分所得用于慈善目的的，应当在举办活动前与慈善组织或者其他接受捐赠的人签订捐赠协议，活动结束后按照捐赠协议履行捐赠义务，并将捐赠情况向社会公开。

第三十八条 慈善组织接受捐赠，应当向捐赠人开具由财政部门统一监（印）制的捐赠票据。捐赠票据应当载明捐赠人、捐赠财产的种类及数量、慈善组织名称和经办人姓名、票据日期等。捐赠人匿名或者放弃接受捐赠票据的，慈善组织应当做好相关记录。

第三十九条 慈善组织接受捐赠，捐赠人要求签订书面捐赠协议的，慈善组织应当与捐赠人签订书面捐赠协议。

书面捐赠协议包括捐赠人和慈善组织名称，捐赠财产的种类、数量、质量、用途、交付时间等内容。

第四十条 捐赠人与慈善组织约定捐赠财产的用途和受益人时，不得指定捐赠人的利害关系人作为受益人。

任何组织和个人不得利用慈善捐赠违反法律规定宣传烟草制品，不得利用慈善捐赠以任何方式宣传法律禁止宣传的产品和事项。

第四十一条 捐赠人应当按照捐赠协议履行捐赠义务。捐赠人违反捐赠协议逾期未交付捐赠财产，有下列情形之一的，慈善组织或者其他接受捐赠的人可以要求交付；捐赠人拒不交付的，慈善组织和其他接受捐赠的人可以依法向人民法院申请支付令或者提起诉讼：

（一）捐赠人通过广播、电视、报刊、互联网等媒体公开承诺捐赠的；

（二）捐赠财产用于本法第三条第一项至第三项规定的慈善活动，并签订书面捐赠协议的。

捐赠人公开承诺捐赠或者签订书面捐赠协议后经济状况显著恶化，严重影响其生产经营或者家庭生活的，经向公开承诺捐赠地或者书面捐赠协议签订地的民政部门报告并向社会公开说明情况后，可以不再履行捐赠义务。

第四十二条　捐赠人有权查询、复制其捐赠财产管理使用的有关资料，慈善组织应当及时主动向捐赠人反馈有关情况。

慈善组织违反捐赠协议约定的用途，滥用捐赠财产的，捐赠人有权要求其改正；拒不改正的，捐赠人可以向民政部门投诉、举报或者向人民法院提起诉讼。

第四十三条　国有企业实施慈善捐赠应当遵守有关国有资产管理的规定，履行批准和备案程序。

第五章　慈善信托

第四十四条　本法所称慈善信托属于公益信托，是指委托人基于慈善目的，依法将其财产委托给受托人，由受托人按照委托人意愿以受托人名义进行管理和处分，开展慈善活动的行为。

第四十五条　设立慈善信托、确定受托人和监察人，应当采取书面形式。受托人应当在慈善信托文件签订之日起七日内，将相关文件向受托人所在地县级以上人民政府民政部门备案。

未按照前款规定将相关文件报民政部门备案的，不享受税收优惠。

第四十六条　慈善信托的受托人，可以由委托人确定其信赖的慈善组织或者信托公司担任。

第四十七条　慈善信托的受托人违反信托义务或者难以履行职责的，委托人可以变更受托人。变更后的受托人应当自变更之日起七日内，将变更情况报原备案的民政部门重新备案。

第四十八条　慈善信托的受托人管理和处分信托财产，应当按照信托目的，恪尽职守，履行诚信、谨慎管理的义务。

慈善信托的受托人应当根据信托文件和委托人的要求，及时向委托人报告信托事务处理情况、信托财产管理使用情况。慈善信托的受托人应当每年至少一次将信托事务处理情况及财务状况向其备案的民政部门报告，并向社会公开。

第四十九条　慈善信托的委托人根据需要，可以确定信托监察人。

信托监察人对受托人的行为进行监督，依法维护委托人和受益人的权益。信托监察人发现受托人违反信托义务或者难以履行职责的，应当向委托人报告，并有权以自己的名义向人民法院提起诉讼。

第五十条　慈善信托的设立、信托财产的管理、信托当事人、信托的终止和清算等事项，本章未规定的，适用本法其他有关规定；本法未规定的，适用《中华人民共和国信托法》的有关规定。

第六章　慈善财产

第五十一条　慈善组织的财产包括：

（一）发起人捐赠、资助的创始财产；

（二）募集的财产；

（三）其他合法财产。

第五十二条　慈善组织的财产应当根据章程和捐赠协议的规定全部用于慈善目的，不得在发起人、捐赠人以及慈善组织成员中分配。

任何组织和个人不得私分、挪用、截留或者侵占慈善财产。

第五十三条　慈善组织对募集的财产，应当登记造册，严格管理，专款专用。

捐赠人捐赠的实物不易储存、运输或者难以直接用于慈善目的的，慈善组织可以依法拍卖或者变卖，所得收入扣除必要费用后，应当全部用于慈善目的。

第五十四条　慈善组织为实现财产保值、增值进行投资的，应当遵循合法、安全、有效的原则，投资取得的收益应当全部用于慈善目的。慈善组织的重大投资方案应当经决策机构组成人员三分之二以上同意。政府资助的财产和捐赠协议约定不得投资的财产，不得用于投资。慈善组织的负责人和工作人员不得在慈善组织投资的企业兼职或者领取报酬。

前款规定事项的具体办法，由国务院民政部门制定。

第五十五条　慈善组织开展慈善活动，应当依照法律法规和章程的规定，按照募捐方案或者捐赠协议使用捐赠财产。慈善组织确需变更募捐方案规定的捐赠财产用途的，应当报民政部门备案；确需变更捐赠协议约定的捐赠财产用途的，应当征得捐赠人同意。

第五十六条　慈善组织应当合理设计慈善项目，优化实施流程，降低运行成本，提高慈善财产使用效益。

慈善组织应当建立项目管理制度，对项目实施情况进行跟踪监督。

第五十七条　慈善项目终止后捐赠财产有剩余的，按照募捐方案或者捐赠协议处理；募捐方案未规定或者捐赠协议未约定的，慈善组织应当将剩余财产用于目的相同或者相近的其他慈善项目，并向社会公开。

第五十八条　慈善组织确定慈善受益人，应当坚持公开、公平、公正的原则，不得指定慈善组织管理人员的利害关系人作为受益人。

第五十九条　慈善组织根据需要可以与受益人签订协议，明确双方权利义务，约定慈善财产的用途、数额和使用方式等内容。

受益人应当珍惜慈善资助，按照协议使用慈善财产。受益人未按照协议使用慈善财产或者有其他严重违反协议情形的，慈善组织有权要求其改正；受益人拒不改正的，慈善组织有权解除协议并要求受益人返还财产。

第六十条　慈善组织应当积极开展慈善活动，充分、高效运用慈善财产，并遵循管理费用最必要原则，厉行节约，减少不必要的开支。慈善组织中具有公开募捐资格的基金会开展慈善活动的年度支出，不得低于上一年总收入的百分之七十或者前三年收入平均数额的百分之七十；年度管理费用不得超过当年总支出的百分之十，特殊情况下，年度管理费用难以符合前述规定的，应当报告其登记的民政部门并向社会公开说明情况。

具有公开募捐资格的基金会以外的慈善组织开展慈善活动的年度支出和管理费用的标准，由国务院民政部门会同国务院财政、税务等部门依照前款规定的原则制定。

捐赠协议对单项捐赠财产的慈善活动支出和管理费用有约定的，按照其约定。

第七章　慈善服务

第六十一条　本法所称慈善服务，是指慈善组织和其他组织以及个人基于慈善目的，向社会或者他人提供的志愿无偿服务以及其他非营利服务。

慈善组织开展慈善服务，可以自己提供或者招募志愿者提供，也可以委托有服务专长的其他组织提供。

第六十二条　开展慈善服务，应当尊重受益人、志愿者的人格尊严，不得侵害受益人、志愿者的隐私。

第六十三条　开展医疗康复、教育培训等慈善服务，需要专门技能的，应当执行国家或者行业组织制定的标准和规程。

慈善组织招募志愿者参与慈善服务，需要专门技能的，应当对志愿者开展相关培训。

第六十四条　慈善组织招募志愿者参与慈善服务，应当公示与慈善服务有关的全部信息，告知服务过程中可能发生的风险。

慈善组织根据需要可以与志愿者签订协议，明确双方权利义务，约定服务的内容、方式和时间等。

第六十五条　慈善组织应当对志愿者实名登记，记录志愿者的服务时间、内容、评价等信息。根据志愿者的要求，慈善组织应当无偿、如实出具志愿服务记录证明。

第六十六条　慈善组织安排志愿者参与慈善服务，应当与志愿者的年龄、文化程度、技能和身体状况相适应。

第六十七条　志愿者接受慈善组织安排参与慈善服务的，应当服从管理，接受必要的培训。

第六十八条　慈善组织应当为志愿者参与慈善服务提供必要条件，保障志愿者的合法权益。

慈善组织安排志愿者参与可能发生人身危险的慈善服务前，应当为志愿者购买相应的人身意外伤害保险。

第八章　信息公开

第六十九条　县级以上人民政府建立健全慈善信息统计和发布制度。

县级以上人民政府民政部门应当在统一的信息平台，及时向社会公开慈善信息，并免费提供慈善信息发布服务。

慈善组织和慈善信托的受托人应当在前款规定的平台发布慈善信息，并对信息的真实性负责。

第七十条　县级以上人民政府民政部门和其他有关部门应当及

时向社会公开下列慈善信息：

（一）慈善组织登记事项；

（二）慈善信托备案事项；

（三）具有公开募捐资格的慈善组织名单；

（四）具有出具公益性捐赠税前扣除票据资格的慈善组织名单；

（五）对慈善活动的税收优惠、资助补贴等促进措施；

（六）向慈善组织购买服务的信息；

（七）对慈善组织、慈善信托开展检查、评估的结果；

（八）对慈善组织和其他组织以及个人的表彰、处罚结果；

（九）法律法规规定应当公开的其他信息。

第七十一条　慈善组织、慈善信托的受托人应当依法履行信息公开义务。信息公开应当真实、完整、及时。

第七十二条　慈善组织应当向社会公开组织章程和决策、执行、监督机构成员信息以及国务院民政部门要求公开的其他信息。上述信息有重大变更的，慈善组织应当及时向社会公开。

慈善组织应当每年向社会公开其年度工作报告和财务会计报告。具有公开募捐资格的慈善组织的财务会计报告须经审计。

第七十三条　具有公开募捐资格的慈善组织应当定期向社会公开其募捐情况和慈善项目实施情况。

公开募捐周期超过六个月的，至少每三个月公开一次募捐情况，公开募捐活动结束后三个月内应当全面公开募捐情况。

慈善项目实施周期超过六个月的，至少每三个月公开一次项目实施情况，项目结束后三个月内应当全面公开项目实施情况和募得款物使用情况。

第七十四条　慈善组织开展定向募捐的，应当及时向捐赠人告知募捐情况、募得款物的管理使用情况。

第七十五条　慈善组织、慈善信托的受托人应当向受益人告知其资助标准、工作流程和工作规范等信息。

第七十六条　涉及国家秘密、商业秘密、个人隐私的信息以及捐赠人、慈善信托的委托人不同意公开的姓名、名称、住所、通讯方式等信息，不得公开。

第九章　促进措施

第七十七条　县级以上人民政府应当根据经济社会发展情况，制定促进慈善事业发展的政策和措施。

县级以上人民政府有关部门应当在各自职责范围内，向慈善组织、慈善信托受托人等提供慈善需求信息，为慈善活动提供指导和帮助。

第七十八条　县级以上人民政府民政部门应当建立与其他部门之间的慈善信息共享机制。

第七十九条　慈善组织及其取得的收入依法享受税收优惠。

第八十条　自然人、法人和其他组织捐赠财产用于慈善活动的，依法享受税收优惠。企业慈善捐赠支出超过法律规定的准予在计算企业所得税应纳税所得额时当年扣除的部分，允许结转以后三年内在计算应纳税所得额时扣除。

境外捐赠用于慈善活动的物资，依法减征或者免征进口关税和进口环节增值税。

第八十一条　受益人接受慈善捐赠，依法享受税收优惠。

第八十二条　慈善组织、捐赠人、受益人依法享受税收优惠的，有关部门应当及时办理相关手续。

第八十三条　捐赠人向慈善组织捐赠实物、有价证券、股权和知识产权的，依法免征权利转让的相关行政事业性费用。

第八十四条　国家对开展扶贫济困的慈善活动，实行特殊的优惠政策。

第八十五条　慈善组织开展本法第三条第一项、第二项规定的慈善活动需要慈善服务设施用地的，可以依法申请使用国有划拨土地或者农村集体建设用地。慈善服务设施用地非经法定程序不得改变用途。

第八十六条　国家为慈善事业提供金融政策支持，鼓励金融机构为慈善组织、慈善信托提供融资和结算等金融服务。

第八十七条　各级人民政府及其有关部门可以依法通过购买服务等方式，支持符合条件的慈善组织向社会提供服务，并依照有关政府采购的法律法规向社会公开相关情况。

第八十八条　国家采取措施弘扬慈善文化，培育公民慈善意识。

学校等教育机构应当将慈善文化纳入教育教学内容。国家鼓励高等学校培养慈善专业人才，支持高等学校和科研机构开展慈善理论研究。

广播、电视、报刊、互联网等媒体应当积极开展慈善公益宣传活动，普及慈善知识，传播慈善文化。

第八十九条　国家鼓励企业事业单位和其他组织为开展慈善活动提供场所和其他便利条件。

第九十条　经受益人同意，捐赠人对其捐赠的慈善项目可以冠名纪念，法律法规规定需要批准的，从其规定。

第九十一条　国家建立慈善表彰制度，对在慈善事业发展中做出突出贡献的自然人、法人和其他组织，由县级以上人民政府或者有关部门予以表彰。

第十章　监督管理

第九十二条　县级以上人民政府民政部门应当依法履行职责，对慈善活动进行监督检查，对慈善行业组织进行指导。

第九十三条　县级以上人民政府民政部门对涉嫌违反本法规定的慈善组织，有权采取下列措施：

（一）对慈善组织的住所和慈善活动发生地进行现场检查；

（二）要求慈善组织作出说明，查阅、复制有关资料；

（三）向与慈善活动有关的单位和个人调查与监督管理有关的情况；

（四）经本级人民政府批准，可以查询慈善组织的金融账户；

（五）法律、行政法规规定的其他措施。

第九十四条　县级以上人民政府民政部门对慈善组织、有关单位和个人进行检查或者调查时，检查人员或者调查人员不得少于二人，并应当出示合法证件和检查、调查通知书。

第九十五条　县级以上人民政府民政部门应当建立慈善组织及其负责人信用记录制度，并向社会公布。

民政部门应当建立慈善组织评估制度，鼓励和支持第三方机构对慈善组织进行评估，并向社会公布评估结果。

第九十六条　慈善行业组织应当建立健全行业规范，加强行业自律。

第九十七条　任何单位和个人发现慈善组织、慈善信托有违法行为的，可以向民政部门、其他有关部门或者慈善行业组织投诉、举报。民政部门、其他有关部门或者慈善行业组织接到投诉、举报后，应当及时调查处理。

国家鼓励公众、媒体对慈善活动进行监督，对假借慈善名义或者假冒慈善组织骗取财产以及慈善组织、慈善信托的违法违规行为予以曝光，发挥舆论和社会监督作用。

第十一章　法律责任

第九十八条　慈善组织有下列情形之一的，由民政部门责令限期改正；逾期不改正的，吊销登记证书并予以公告：

（一）未按照慈善宗旨开展活动的；

（二）私分、挪用、截留或者侵占慈善财产的；

（三）接受附加违反法律法规或者违背社会公德条件的捐赠，

或者对受益人附加违反法律法规或者违背社会公德的条件的。

第九十九条 慈善组织有下列情形之一的，由民政部门予以警告、责令限期改正；逾期不改正的，责令限期停止活动并进行整改：

（一）违反本法第十四条规定造成慈善财产损失的；

（二）将不得用于投资的财产用于投资的；

（三）擅自改变捐赠财产用途的；

（四）开展慈善活动的年度支出或者管理费用的标准违反本法第六十条规定的；

（五）未依法履行信息公开义务的；

（六）未依法报送年度工作报告、财务会计报告或者报备募捐方案的；

（七）泄露捐赠人、志愿者、受益人个人隐私以及捐赠人、慈善信托的委托人不同意公开的姓名、名称、住所、通讯方式等信息的。

慈善组织违反本法规定泄露国家秘密、商业秘密的，依照有关法律的规定予以处罚。

慈善组织有前两款规定的情形，经依法处理后一年内再出现前款规定的情形，或者有其他情节严重情形的，由民政部门吊销登记证书并予以公告。

第一百条 慈善组织有本法第九十八条、第九十九条规定的情形，有违法所得的，由民政部门予以没收；对直接负责的主管人员和其他直接责任人员处二万元以上二十万元以下罚款。

第一百零一条 开展募捐活动有下列情形之一的，由民政部门予以警告、责令停止募捐活动；对违法募集的财产，责令退还捐赠人；难以退还的，由民政部门予以收缴，转给其他慈善组织用于慈善目的；对有关组织或者个人处二万元以上二十万元以下罚款：

（一）不具有公开募捐资格的组织或者个人开展公开募捐的；

（二）通过虚构事实等方式欺骗、诱导募捐对象实施捐赠的；

（三）向单位或者个人摊派或者变相摊派的；

（四）妨碍公共秩序、企业生产经营或者居民生活的。

广播、电视、报刊以及网络服务提供者、电信运营商未履行本法第二十七条规定的验证义务的，由其主管部门予以警告，责令限期改正；逾期不改正的，予以通报批评。

第一百零二条 慈善组织不依法向捐赠人开具捐赠票据、不依法向志愿者出具志愿服务记录证明或者不及时主动向捐赠人反馈有关情况的，由民政部门予以警告，责令限期改正；逾期不改正的，责令限期停止活动。

第一百零三条 慈善组织弄虚作假骗取税收优惠的，由税务机关依法查处；情节严重的，由民政部门吊销登记证书并予以公告。

第一百零四条 慈善组织从事、资助危害国家安全或者社会公共利益活动的，由有关机关依法查处，由民政部门吊销登记证书并予以公告。

第一百零五条 慈善信托的受托人有下列情形之一的，由民政部门予以警告，责令限期改正；有违法所得的，由民政部门予以没收；对直接负责的主管人员和其他直接责任人员处二万元以上二十万元以下罚款：

（一）将信托财产及其收益用于非慈善目的的；

（二）未按照规定将信托事务处理情况及财务状况向民政部门报告或者向社会公开的。

第一百零六条 慈善服务过程中，因慈善组织或者志愿者过错造成受益人、第三人损害的，慈善组织依法承担赔偿责任；损害是由志愿者故意或者重大过失造成的，慈善组织可以向其追偿。

志愿者在参与慈善服务过程中，因慈善组织过错受到损害的，慈善组织依法承担赔偿责任；损害是由不可抗力造成的，慈善组织应当给予适当补偿。

第一百零七条 自然人、法人或者其他组织假借慈善名义或者假冒慈善组织骗取财产的，由公安机关依法查处。

第一百零八条 县级以上人民政府民政部门和其他有关部门及其工作人员有下列情形之一的，由上级机关或者监察机关责令改正；依法应当给予处分的，由任免机关或者监察机关对直接负责的主管人员和其他直接责任人员给予处分：

（一）未依法履行信息公开义务的；

（二）摊派或者变相摊派捐赠任务，强行指定志愿者、慈善组织提供服务的；

（三）未依法履行监督管理职责的；

（四）违法实施行政强制措施和行政处罚的；

（五）私分、挪用、截留或者侵占慈善财产的；

（六）其他滥用职权、玩忽职守、徇私舞弊的行为。

第一百零九条 违反本法规定，构成违反治安管理行为的，由公安机关依法给予治安管理处罚；构成犯罪的，依法追究刑事责任。

第十二章 附 则

第一百一十条 城乡社区组织、单位可以在本社区、单位内部开展群众性互助互济活动。

第一百一十一条 慈善组织以外的其他组织可以开展力所能及的慈善活动。

第一百一十二条 本法自 2016 年 9 月 1 日起施行。

参 考 文 献

贝奇·布查特·阿德勒，2002. 美国慈善法指南［M］.NPO 信息咨询中心，译．北京：中国社会科学出版社．

彼得·德鲁克，2009. 非营利组织的管理［M］.吴振阳，等，译．北京：机械工业出版社，40.

蔡勤禹，2005. 民间组织与灾荒救治：民国华洋义赈会研究［M］.北京：商务印书馆．

曹海军，文长春，2006. "统合主义"政府：一种新型的政府治理模式［J］.理论探讨（4）：14-16.

曹礼龙，2005. 修行与慈善：上海的世界红卍字会研究（1927—1949）［D］.上海：上海师范大学．

陈成文，2001. 社会弱者论：体制转换时期社会弱者的生活状况与社会支持［M］.北京：时事出版社．

陈红霞，2002. 社会福利思想［M］.北京：社会科学文献出版社．

池子华，2004. 红十字与近代中国［M］.合肥：安徽人民出版社．

邓国胜，2001. 非营利组织评估［M］.北京：社会科学文献出版社．

邓拓，1998. 中国救荒史［M］.北京：北京出版社．

丁元竹，2005. 非政府公共部门与公共服务：中国非政府公共部门服务状况研究：社会创新丛书［M］.北京：中国经济出版社．

丁元竹，2005. 中国慈善"有传统事业"［J］.中国社会工作（24）：15-16.

范丽珠，2003. 全球化下的社会变迁与非政府组织（NGO）［M］.上海：上海人民出版社．

范文澜，1979. 唐代佛教［M］.北京：人民出版社，279-280.

付克飞，2015. 科学慈善事业：美国科技发展的助推器［J］.全球科技经济瞭望（2）：9-17.

费孝通，1998. 乡土中国　生育制度［M］. 北京：北京大学出版社.

夫马进，2005. 中国善会善堂史研究［M］. 张学锋，等. 译. 北京：商务印书馆.

关今华，2003. 基本人权保护与法律实践［M］. 厦门：厦门大学出版社.

郭娜，2005-11-22/2023-2-21. 第三部门还是第一部门？：一项透过扶贫活动对非政府组织的解释，以武汉市为例［EB/OL］. http：//www. sachina. edu. cn/htmldata/article/2005/11/601. html.

郭于华，1999. 事业共同体—第三部门激励机制个案研究［M］. 杭州：浙江人民出版社.

亨金，1997. 权利的时代［M］. 北京：知识出版社.

洪大用，2004. 转型时期中国社会救助［M］. 沈阳：辽宁教育出版社.

胡宜安，2005. 弱势群体的产生根源与生成机制探析［J］. 广州大学学报（社会科学版）（1）：44-48.

靳尔刚，王振耀，2004. 国外救灾救助法规汇编［M］. 北京：中国社会出版社.

吉尔伯特·罗兹曼，2003. 中国的现代化［M］. 国家社会科学基金"比较现代化"课题组，译. 南京：江苏人民出版社.

景天魁，2007. 底线公平：必须做到的公平［J］. 同舟共济（1）：13-14.

康晓光，1999. 权力的转移：转型时期中国权力格局的变迁［M］. 杭州：浙江人民出版社.

孔秉德，尹晓煌，2004. 美籍华人与中美关系［M］. 余宁平，译. 北京：新华出版社.

李斌城，1988. 中国农民战争史［M］. 北京：人民出版社.

李然，2002-9-18/2023-1-5. 中华慈善总会千万善款被骗 案犯被枪决［EB/OL］. http：//www. chinacourt. org/html/article/200302/14/36715. shtml.

刘燕生，2001. 社会保障的起源、发展和道路选择［M］. 北京：法律出版社.

刘泽华，1992. 中国古代政治思想史［M］. 天津：南开大学出版社.

刘贞晔，2005. 国际政治领域中的非政府组织一种互动关系的分析［M］. 天津：天津人民出版社.

卢汉龙，2004. 慈善：关爱与和谐 [M]. 上海：上海社会科学院出版社.

吕福春，2007. 中国复合型社团研究：以中国共青团的职能变迁为个案 [M].
　　天津：天津人民出版社.

吕洪业，2015. 新中国慈善制度发展研究 [M]. 北京：中国社会出版社，4.

梁其姿，2001. 施善与教化：明清的慈善组织 [M]. 石家庄：河北出版社.

林闽钢，王章佩，2001. 福利多元化视野中的非营利组织研究 [J]. 社会科
　　学研究（6）：103-107.

林喆，2006. 公民基本人权法律制度研究 [M]. 北京：北京大学出版社.

林耀华，1984. 原始社会史 [M]. 北京：中华书局，390.

米银俊，等，2015. 香港城市社区福利多元建构及启示 [J]. 广东财经大学
　　学报（6）：92-97.

齐延平，2006. 社会弱势群体的权利保护 [C]. 济南：山东人民出版社.

秦晖，1999. 政府与企业以外的现代化：中西公益事业史比较研究民间组织
　　通论 [M]. 杭州：浙江人民出版社.

全国13所高等院校《社会心理学》编写组，2016. 社会心理学（第五版）
　　[M]. 天津：南开大学出版社.

任延黎，1999. 中国天主教基础知识 [M]. 北京：宗教文化出版社，250.

曲颂，2021. 让疫苗成为全球公共产品，中国做到了 [N]. 人民日报，08-01（3）.

尚晓援，2007. 冲击与变革：对外开放中的中国公民社会组织 [M]. 北京：
　　中国社会科学出版社.

史玉芹，1999. 中国全史（简读本）·救灾史 [M]. 北京：经济日报出版社.

苏力，1999. 规制与发展：第三部门的法律环境 [M]. 杭州：浙江人民出版
　　社.

孙立平，1999. 动员与参与：第三部门募捐机制个案研究 [M]. 杭州：浙江
　　人民出版社.

孙立平，2007. 守卫底线：转型社会生活的基础秩序 [M]. 北京：社会科学
　　文献出版社.

田凯，2004. 非协调约束与组织运作：中国慈善组织与政府关系的个案研究
　　[M]. 北京：商务印书馆.

王名，2001. 中国社团改革 [M]. 北京：社会科学文献出版社.

王名，2004. 民间组织通论［M］. 北京：时事出版社.

王绍光，1999. 多元与统一：第三部门国际比较研究［M］杭州：浙江人民出版社.

蔚然，2005. 慈善箴言［M］. 北京：中国社会出版社.

徐卫华，2006. 发展慈善事业的理念认知与行为方式［M］. 北京：中央党校出版社.

薛晓明，2005. 转型时期的弱势群体问题［M］. 北京：中国经济出版社.

杨守金，2006. 中国特色慈善事业发展研究［D］. 长春：东北师范大学.

俞新宝，俞永俊，2007. 慈善情满申城：俞新宝、俞永俊慈善摄影作品选［M］. 上海锦绣文章出版社.

杨团，2015. 中国慈善发展报告（2015）［M］. 北京：社会科学文献出版社.

杨团，朱健刚，2021. 中国慈善发展报告（2021）［M］. 北京：社会科学文献出版社.

赵黎青，2001. 非营利部门与中国发展［C］. 香港：香港社会科学出版社.

郑功成，1999. 中华慈善事业［M］. 广州：广东经济出版社.

中国红十字会总会，1993. 中国红十字会历史资料选编（1904—1949）［M］. 南京：南京大学出版社.

中国科技促进发展研究中心，希望工程效益评估课题组，1999. 捐款是怎样花的：希望工程效益评估报告［M］. 杭州：浙江人民出版社.

周春林，2008. 退学研究生是否骗捐［N］. 文摘报，01-03.

周秋光，2020. 现代中国社会保障制度与慈善事业 70 年发展进程及其思考［J］. 中南大学学报（社会科学版）（6）：150-162.

周秋光，曾桂林，2004. 近代慈善事业的基本特征［N］. 光明日报，12-14 (7).

周秋光，曾桂林，2006. 中国慈善简史［M］. 北京：人民出版社.

周志忍，陈庆云，1999. 自律与他律：第三部门监督机制个案研究［M］. 杭州：浙江人民出版社.

资中筠，2006. 财富的归宿：美国现代公益基金会评述［M］. 北京：世纪出版集团、上海人民出版社.

Apinunmahakul, Amornrat, Devlin, Rose Anne. 2004. Charitable Giving and Charitable Gambling：An Empirical Investigation［J］. National Tax

参 考 文 献

Journal, March 1.

Chandler, Clay, Hira, Nadira A. 2005. A WAVE OF CORPORATE CHARITY [J] . Fortune, January 24.

Donald T. Critchlow, Charles H. Parker. 1998. With Us Always: Private Charity and Public Welfare in Historical Perspective [M] . Lanham: Rowman and Littlefield.

Frank Dekker Watson. 1922. The Charity Organization Movement in the United States: Study in American [M] . New York: Macmillan.

Jonathan Barry, Colin Jones. 1994. Medicine and Charity before the Welfare State [M] . London: Routledge.

Miri Rubin. 2002. Charity and Community in Medieval Cambridge [M]. Cambridge: Cambridge University Press.

Ron Jordan & Katelyn Quynn. 2001. Invest in Charity: A Donor's Guide to Charitable Giving [M] . New York: John Wiley & Sons.

United States Department of the Treasury. 2006-9-1/2023-1-9. Internal Revenue Service-United States Department of the Treasury [EB/OL] . http: //www. irs. gov/taxstats/charitablestats/article/0,, id=97176, 00. html.

结　　语

　　中国慈善从古而今，都走在文化嬗变与自我革新的道路上，为当时的社会稳定和民生救济做出了力所能及的贡献。今天的中国，同以往一样需要慈善组织的自我提升发展。时代潮流奔涌不息，国际环境风云变幻，更好地宣传慈善文化理念、规范慈善制度管理、促进慈善产业发展，是我们应变革和开新局的新思路、新手段。我们有幸能够看到中国慈善组织在改革开放中迎来了蓬勃发展的春天，有幸见证了国民经济四十多年来持续稳定的增长，也希望中国慈善能够一如既往地抓住专业化、规范化、产业化的历史机遇，再次站在时代风口，为弘扬源远流长的中华善业，为实现共同富裕的伟大目标，为推进中国式现代化的历史进程，百尺竿头更进一步，为新时代贡献应有的担当与力量。